Biblia de los niños
ANTIGUO Y NUEVO TESTAMENTO

PANAMERICANA
EDITORIAL

Dirección general
Mauricio Villegas

Adaptación de texto
Claire Boistard

Dirección de arte
Juan Gabriel Caicedo Borda

Diseño de carátula
® Marca Registrada

Ilustraciones
Dagoberto Fuentes

Diagramación
Angela María Vega P.

Primera edición, Editorial Voluntad S.A., 1995
Primera edición, en Panamericana Editorial Ltda., febrero de 2000

© 1995 Editorial Voluntad S.A.
© 2000 Panamericana Editorial Ltda.
Calle 12 No. 34-20, Tels.: 3603077 - 2770100
Fax: (57 1) 2373805
Correo electrónico: panaedit@andinet.com
www.panamericanaeditorial.com.co
Santafé de Bogotá, D. C., Colombia

ISBN:958-30-0726-9

Todos los derechos reservados.
Prohibida su reproducción total o parcial
por cualquier medio sin permiso del Editor.

Impreso por Panamericana Formas e Impresos S. A.
Calle 65 No. 94-72, Tels.: 4302110 - 4300355, Fax: (57 1) 2763008
Quien sólo actúa como impresor.

Impreso en Colombia   Printed in Colombia

Presentación

l libro que vas a leer ahora se llama la Biblia. Desde que fue escrita hace aproximadamente 2000 años, es el libro más leído de todos los tiempos. Ha sido traducido a más de mil idiomas y es, hasta hoy, la fuente de inspiración de grandes artistas alrededor del mundo. Libros, monumentos, pinturas y aún famosas películas cuentan sus increíbles aventuras. Además, fue el primer libro editado en imprenta, y antes de que Gutenberg la inventara, fue escrita a mano sobre rollos de papiro. En sí misma, la Biblia es una gran biblioteca que cuenta la historia del pueblo judío desde la creación del universo hasta la redención de la humanidad por medio de Jesús, el Salvador. Divididas entre el Antiguo y el Nuevo Testamento, son muchas las historias que contiene este libro de libros.

Disfrútalas.

Tabla de contenido

ANTIGUO TESTAMENTO

- La creación del universo 10
- Los primeros hombres 12
- El pecado original 14
- Caín mata a Abel 17
- El arca de Noé 19
- El pacto de Dios 22
- La torre de Babel 24
- El llamamiento de Abraham 26
- Sodoma y Gomorra 28
- El hijo de la promesa 30
- El sacrificio de Isaac 32
- Isaac y Rebeca 35
- Jacob y Esaú 38
- La astucia de Jacob 41
- Jacob lucha con el ángel 44
- José es vendido por sus hermanos 46

- José en Egipto 49
- José perdona a sus hermanos 52
- La esclavitud en Egipto 55
- El nacimiento de Moisés 57
- Moisés huye de Egipto 60
- La zarza ardiente 62
- Las diez plagas 64
- El paso del Mar Rojo 67
- La fidelidad de Dios en el desierto 70
- Los diez mandamientos 72
- El becerro de oro 74
- La tierra prometida 77
- El paso del Jordán 80
- La toma de Jericó 82
- Gedeón 84
- Sansón 86
- Rut 89
- El nacimiento de Samuel 91
- David y Goliat 93
- David y Saúl 96
- El rey David 99
- Salomón, el sabio 101
- La reina de Sabá 104
- Ester 107
- Job, el justo 110
- Isaías anuncia al Mesías 112
- El profeta Jeremías 114
- Daniel y Nabucodonosor 116
- Daniel en el foso de los leones 119
- Jonás y el gran pez 122

NUEVO TESTAMENTO

- ♦ El nacimiento de Jesús 126
- ♦ La venganza de Herodes 129
- ♦ Jesús en el templo 131
- ♦ Juan el Bautista 133
- ♦ Jesús es tentado en el desierto 136
- ♦ Jesús llama a los apóstoles 138
- ♦ Las bodas de Caná 141
- ♦ La samaritana 143
- ♦ Jesús cuenta parábolas 146
- ♦ El sermón de la montaña 149
- ♦ La multiplicación de los panes y de los peces 152
- ♦ Jesús camina sobre las aguas 154
- ♦ Jesús, el pan de vida 156
- ♦ La transfiguración 158
- ♦ El hijo pródigo 160
- ♦ Jesús, el buen pastor 163
- ♦ La resurrección de Lázaro 165
- ♦ La entrada triunfal a Jerusalén 168
- ♦ La segunda venida de Cristo 170
- ♦ La traición de Judas 172
- ♦ La última cena 174
- ♦ El otro consolador 177
- ♦ Jesús es arrestado 179
- ♦ Pedro niega a Jesús 181
- ♦ La muerte en la cruz 183
- ♦ La tumba vacía 186
- ♦ Jesús se aparece a los discípulos 188
- ♦ La ascensión 190

ANTIGUO TESTAMENTO

La creación del universo

En algún lugar de la eternidad, sólo existía Dios. Eso era en el principio de los tiempos. A su alrededor, no había sino las tinieblas y el vacío que Él llenaba con su presencia. Un día, Dios decidió crear el universo. Empezó por los cielos y la Tierra.

Entonces se dio cuenta de que la Tierra estaba desordenada y solitaria, y eso no le gustó. Con su enorme poder, el Creador hizo la luz. Habló, y por primera vez, el día se separó de la noche. A Dios esto le pareció bien. Así pasó el primer día.

En este tiempo, las aguas se extendían por toda la Tierra y el Espíritu de Dios se movía sobre ellas. Entonces Él ordenó que el agua de las nubes se dividiera del agua de la Tierra. Los cielos aparecieron cubriéndolo todo con un hermoso color azul. El Creador se sentía muy satisfecho por su labor al terminar así el segundo día.

Cuando amaneció, contempló de nuevo la Tierra y vio que estaba cubierta de agua. Su voz tronó rompiendo súbitamente la quietud de aquella mañana: "¡Que se reúnan todas las aguas en un solo lugar, y que se descubra lo seco!". Desde este momento, las aguas formaron los mares. Aparecieron los montes, los valles y también los ríos. Dios estaba muy emocionado. Cuidaba cada detalle para que todo quedara perfecto. Mientras meditaba, le pareció que la Tierra luciría aún más hermosa si la vistiera. Por eso hizo la hierba, los árboles, los frutos, las flores y todas las semillas. En un instante, la Tierra se atavió de mil colores.

Pero de pronto se nubló el cielo y todo quedó oscuro. El día tercero había terminado. Dios pensó en lo que había hecho y le pareció bueno. Quiso ver su obra, pero la noche no era sino espesas tinieblas. Fue entonces cuando creó la Luna para alumbrar la noche y las estrellas para que la acompañaran.

También hizo el Sol para iluminar el día y dar calor a la Tierra. De este modo se dividió la eternidad en estaciones, días y años.

Al quinto día, Dios creó los peces y los pájaros. También los dinosaurios y todos los animales que se movían en el agua o el aire. Al día siguiente, hizo a todos los demás animales que existen. El todopoderoso les bendijo y les ordenó multiplicarse. La Tierra se llenó de vida y a Dios le gustó.

Los primeros hombres

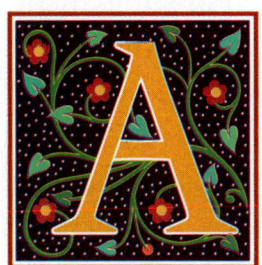

Avanzaba la tarde del sexto día. La Tierra había cambiado mucho en tan poco tiempo... Así como el artista contempla su cuadro después de la última pincelada, Dios miraba la Naturaleza que había creado. Su corazón palpitaba de emoción al ver tanta belleza. Pero la obra aún no estaba terminada. A Dios le gustaban las flores y los pájaros en los árboles. También amaba el rugido del león y el suave murmullo del conejo corriendo por las planicies. Pero se sentía solo. Necesitaba a alguien de su especie para amar y ser amado. Entonces dijo: "Hagamos al hombre a nuestra imagen y conforme a nuestra semejanza para que gobierne sobre toda la Creación". Fue así como cogió polvo de la tierra y formó a una persona. Sopló en su nariz y la figura empezó a moverse. Había nacido el primer hombre. Dios lo llamó Adán, es decir, "hecho de tierra". El Todopoderoso miró a Adán y por primera vez supo que nunca más iba a estar solo. Esta noticia le llenó de paz. Todo lo que había hecho era bueno, así que descansó el séptimo día. La creación había concluido. Ya nada faltaba sobre la faz de la Tierra.

Adán se parecía mucho a su padre. Era hermoso y muy inteligente. Dios lo amaba tanto que decidió hacer un huerto donde él pudiera vivir. El Creador escogió los árboles que daban los mejores frutos y los plantó allí. También colocó un río que irrigara el jardín para que siempre permaneciera verde. En verdad, nunca ha habido un lugar tan bello sobre toda la Tierra. El día que Dios puso a Adán en el paraíso, le hizo una advertencia: "De todos los árboles del huerto

Biblia para niños

puedes comer hasta saciarte, excepto de uno: no comerás del árbol de la ciencia del bien y del mal, porque el día que lo hagas, morirás". Adán era obediente y jamás se acercaba al árbol prohibido.

Su vida seguía tranquila: labraba el huerto, jugaba con los animales, comía y dormía. Nunca se enfermaba por que el dolor no existía. Disfrutaba trabajando la tierra, porque tampoco había cansancio. En el paraíso, el mundo era perfecto.

Un día, Dios hizo desfilar todos los animales de la Tierra delante de Adán para que les pusiera nombre. A unos los llamó ovejas, a otros delfines, a otros vacas... hasta llegar al último. Entonces Adán se sintió muy triste. Todos los animales tenían pareja, menos él. Dios vio que eso no era bueno. Mandó un sueño profundo sobre Adán y aprovechó que dormía para sacarle una costilla. De ella, Dios formó a la mujer. Cuando Adán se desperto, la más hermosa criatura lo contemplaba con amor. La llamó Eva, que significa "madre de los vivientes".

El pecado original

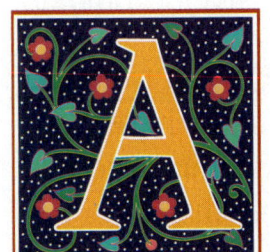Adán y Eva se amaban tanto que éste le dijo: "Eres hueso de mis huesos, y carne de mi carne. Nos uniremos como esposo y mujer, y seremos una sola carne. Ahora ven conmigo y te mostraré el jardín donde vamos a vivir juntos. Es un paraíso". Se fueron corriendo por todo el huerto hasta que Eva lo conoció de lado a lado. Cuando llegaron al centro del precioso jardín, Adán le explicó: "Éste es el árbol de la vida; de él podemos comer y de todos los árboles que ves. Pero el que está allá es el árbol de la ciencia del bien y del mal. Su fruto es prohibido. Si desobedecemos, moriremos".

Ambos vivían felices en el huerto del Edén. Labraban y guardaban el lugar, y nada les faltaba. Todos los animales les obedecían. Alrededor reinaban la paz y la armonía. Así transcurrieron muchos días hasta que Eva se acercó al árbol de la ciencia del bien y del mal. No pensaba probar sus frutos porque Dios lo había prohibido. Sólo quería mirarlos porque se veían deliciosos, aún más que todos los que estaban en el huerto. De repente, oyó una voz extraña que le hablaba:

- "Así que Dios les ha prohibido comer los frutos del huerto", le dijo la serpiente a Eva.

- "No. No es cierto. De todos los árboles podemos comer, excepto de éste. Porque si lo hacemos, moriremos".

- "¡Vaya qué mentira! No morirán. La verdad es que el fruto de este árbol les es prohibido porque Dios sabe que el día que lo prueben, ustedes serán iguales a Él. Sus ojos serán abiertos y podrán distinguir entre el bien y el mal. Tomarán sus propias decisiones y ya no tendrán que sujetarse a su voluntad" –afirmó la serpiente.

Eva miró de nuevo el árbol y le pareció hermoso. Sus frutos se veían apetitosos y no pudo resistir la tentación. Cogió un fruto y lo probó. Era más dulce que la miel y su olor muy agradable. Bajó otro fruto y se lo llevó a Adán. Los dos comieron. De repente, sus ojos fueron abiertos y se dieron cuenta de que estaban desnudos. Les dio vergüenza, así que corrieron a buscar hojas de higuera para cubrirse.

Estaban terminando de arreglar sus vestidos cuando oyeron la voz del Padre que paseaba por el huerto y venía a saludarlos. Tuvieron miedo y se escondieron. Cuando Dios no los vio, supo que habían desobedecido. Adán culpó a Eva, y ella a la serpiente. Dios se sintió traicionado. Estaba muy dolido y no quería alejarse de Adán y Eva. Pero había pronunciado una advertencia y tenía que cumplir su palabra. Maldijo a la serpiente por haberles engañado y haber servido al demonio:

– "Maldita serás entre todos los animales. ¡Caminarás sobre tu vientre y comerás polvo todos los días de tu vida!"

– "Y tú, Eva, darás a luz con dolor y en todo harás lo que ordena tu marido".

– "En cuanto a ti, Adán, maldita sea la tierra por culpa tuya. Con dolor y el sudor de tu frente obtendrás el pan de cada día hasta que vuelvas a la tierra. Porque polvo eres y en polvo te convertirás".

Dichas estas palabras, Dios echó al hombre y a su mujer del paraíso. Se fueron muy tristes a errar por la Tierra en busca de un nuevo hogar. El huerto fue cerrado para siempre y guardado por unos querubines con espada de fuego. Nunca más volvería el hombre a vivir allí. Así fue como pecaron los primeros seres humanos, y con ellos, toda la humanidad. Entonces nació la maldad y el hombre empezó a sufrir.

Caín mata a Abel

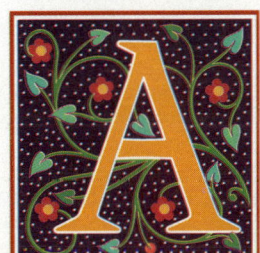

Adán y Eva estaban profundamente arrepentidos por su desobediencia y no hacían sino pensar en el paraíso perdido. Habían encontrado otro lugar donde vivir, pero en nada se comparaba con el huerto del Edén. Tenían que trabajar arduamente para comer y tener lo necesario. Pasado un tiempo, Eva quedó embarazada. Luego de muchos dolores, nació su primer hijo al que llamaron Caín. Poco después tuvieron a su hermano Abel.

Los dos crecieron. Abel fue pastor de ovejas y Caín se dedicó a las labores de la tierra. Ambos respetaban a Dios y siempre le obedecían. Al principio de cada cosecha y cuando nacían los corderos, cada hermano llevaba una ofrenda a Dios para agradecerle su bondad y fidelidad. Abel amaba al Creador con todas sus fuerzas y hacía todo para agradarle. Por eso, siempre ofrendaba sus mejores corderos. Caín, en cambio, no le daba mérito a Dios por la buena cosecha recibida. Alababa su propia capacidad y esfuerzo, y no reconocía que la prosperidad era una muestra del amor de Dios hacia él. Llegó el día de llevar la ofrenda. Abel, como era de costumbre, sacrificó lo mejor de su ganado. Caín llevó hortalizas y frutas. Dios se alegró por la ofrenda de Abel, pero no le gustó la de Caín. Cuando éste se dio cuenta, le dio envidia y empezó a odiar a su hermano Abel. Quería matarlo.

Estaba maquinando cómo hacerlo cuando Dios le dijo desde lo alto: "Si quieres hacer el bien, serás recompensado. Pero si sigues con estos pensamientos, el pecado está a la puerta". Dios amaba mucho a Caín y por eso le advirtió de lo que iba a pasar si no dejaba la envidia y los celos. Pero Caín no escuchó. Su corazón estaba herido y pedía venganza. Un día que los dos hermanos andaban solos por el campo, Caín se abalanzó contra Abel y lo mató.

Dios todo lo sabe de antemano. También ve sin ser visto. Sin embargo, quería saber si Caín iba a confesarle lo ocurrido. Así que le preguntó: "¿Dónde está tu]hermano?" "No lo sé. ¿Acaso soy su guardián para saber qué hace y dónde se encuentra?" Pero Dios conocía la verdad. Por eso le dijo: "Mataste a tu hermano. A causa de esto serás maldito sobre la Tierra y errarás de un lugar a otro sin encontrar sitio para reposar. Para siempre serás extranjero a la tierra donde vayas". Caín huyó por los campos con el corazón destrozado. Había matado a su único hermano y debía abandonar a sus padres. Antes de irse, Dios le hizo una señal en el cuerpo para que nadie le hiciera daño. Entonces Caín lloró porque se dio cuenta de que el Creador siempre le había amado.

Biblia para niños

El arca de Noé

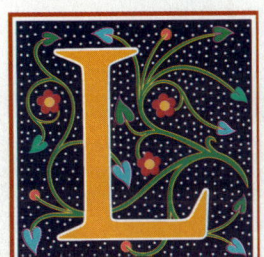uego de la muerte de Abel, Adán y Eva tuvieron más hijos y de éstos nacieron muchos descendientes. Y la maldad también se multiplicó. Los seres que Dios había formado a su imagen no se acordaban de Él y sólo pensaban en hacer el mal. Fue tanto el dolor del Padre al ver la perdición del hombre que se arrepintió de haberlo creado. No quería ver a sus criaturas sufrir y destruirse de esta manera. Mejor era cuando no existía nada, sólo Él en la eternidad. Pensó en hacer desaparecer todo lo que había hecho y volver al principio de los tiempos. Prefería la soledad a ver tanto pecado y violencia. Pero entre la humanidad encontró a un hombre bueno, Noé el justo, que siempre elegía obrar conforme a la voluntad del Creador.

Entonces Dios le dijo a Noé: "La Tierra está corrompida a causa de la maldad de los hombres. Los voy a hacer desaparecer a todos, y con ellos, las plantas, los animales y todo lo que existe. Sólo tú, tus hijos, tu esposa, y las esposas de tus hijos podrán salvarse. Porque voy a traer un diluvio sobre la Tierra. Lloverá sin cesar durante cuarenta días y cuarenta noches hasta que las cimas de los montes queden bajo las aguas y haya muerto todo ser viviente desde el más grande hasta el más pequeño. Construye pues un arca de madera de gofer y cúbrela con brea por dentro y por fuera. Una vez terminada, escoge un macho y una hembra de cada especie animal que existe y súbelos al arca. Ellos y ustedes poblarán de nuevo la Tierra cuando termine el diluvio".

Noé obedeció e hizo el arca tal como Dios lo había dicho. Sus hijos le ayudaron sin importarles las burlas de los vecinos que no comprendían por qué hacían un barco –y así de grande– viviendo tan lejos del mar. No había llovido en meses y creían que Noé se había vuelto loco cuando les decía que se arrepintieran de sus pecados porque venía un diluvio.

Cuando Dios cerró la puerta del arca de Noé, con su familia y los animales adentro, empezó a llover. La Tierra se cubrió de agua y todo ser viviente murió. Luego de cuarenta días con sus noches, cesó la lluvia. Noé abrió la ventana del arca y mandó un cuervo. Luego una paloma. Pero ambos volvieron porque las aguas no se habían secado y no tenían donde posarse. A los siete días mandó de nuevo la paloma. Esta vez volvió por la tarde con una hoja de olivo entre el pico. Noé entendió que las aguas habían bajado, pero no lo suficiente para que la paloma pudiera vivir sobre la Tierra. Después de una semana, la paloma salió de nuevo y jamás retornó al arca. Al poco tiempo, la Tierra se secó por completo. Entonces Noé abrió el arca. Hizo salir a su familia y luego a los animales, pareja por pareja, para que se reprodujeran y poblaran el mundo.

Así fue como el Todopoderoso dio una segunda oportunidad a la humanidad y restableció la vida sobre la Tierra.

El pacto de Dios

uando bajó del arca, Noé miró la Tierra desolada y su corazón se estremeció. No había quedado nada del mundo que él conocía. Por un momento se sintió muy afligido, pero sabía que el Señor había cumplido su palabra. Entonces se arrodilló y oró. Dios lo había salvado del diluvio y escogido para repoblar la Tierra. Era una gran responsabilidad, pero Noé conocía al Todopoderoso que es fiel con los que le aman. Su confianza estaba puesta en el Creador del universo y Él no le faltaría. Cuando terminó de orar, Noé estaba lleno de paz y de gozo. Con sus hijos, levantó un altar y sacrificó animales. El olor de la ofrenda subió hasta el cielo y a Dios le gustó. Pensó en todo lo que había pasado desde la Creación y perdonó la maldad del hombre. Se dirigió a Noé y le dijo:

- "Vayan por el mundo y tengan muchos hijos. Les entrego todos los animales y las plantas que existen para que les sirvan de comida. Sólo se abstendrán de comer carne con su sangre. Si alguien mata a uno de sus semejantes, será condenado a muerte porque el hombre ha sido hecho a imagen de Dios. Cumplan con estas ordenanzas y vivan en paz sobre la Tierra".

Los animales aún ardían en el altar. Quietos, Noé y su familia escuchaban atentamente las palabras del Todopoderoso:

- "Y hoy hago un pacto con ustedes, y a través de ustedes, con toda la humanidad que va a nacer de sus entrañas, y con todo ser viviente. No volveré a destruir la Tierra a causa del hombre porque sé que su corazón siempre tiende a hacer el mal; tampoco destruiré los animales ni las plantas como lo acabo de hacer. Les prometo que nunca más habrá diluvio y que la Tierra volverá a ser tan hermosa como lo era antes. Ésta es la señal que así será. Cuando yo la vea entre las nubes, me acordaré de mi pacto".

Jamás habían visto algo tan bello... Siete colores se entrelazaban para formar un arco iris en el firmamento. Desde este día, Noé lo llamó el arco de la Alianza y siempre que aparecía ofrendaba un cordero al Creador. Dios cumplió su promesa y nunca más hubo diluvio. Noé murió a los novecientos cincuenta años, pero antes tuvo muchos descendientes. La Tierra reverdeció y el hombre se reconcilió con Dios.

La torre de Babel

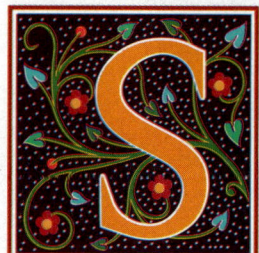

Sem, Cam y Jafet son los tres hijos que estaban con Noé en el arca. Cuando murió su padre, se esparcieron por todo el mundo y poblaron la Tierra con sus descendientes. En aquel tiempo, los hombres y los animales salvajes peleaban entre sí para tener un lugar donde vivir. Las luchas cuerpo a cuerpo eran frecuentes y no era raro encontrar en los campos a personas degolladas por bestias feroces. Nimrod, de la familia de Sem, se hizo famoso porque era un excelente cazador. Mucha gente acudía a él para que los librara de los leones hambrientos o chacales al acecho. Su inmensa popularidad lo llevó a ser el rey de Babel y de otras ciudades vecinas. En esta época, todos los hombres hablaban una sola lengua y tenían un culto único: la adoración a Dios. Pero Nimrod era un hombre orgulloso y su corazón estaba contaminado de vanidad. Quería alcanzar a Dios y ser igual a Él. De este modo, su reino sería recordado a través de los siglos y él exaltado por los hombres de todos los tiempos.

- "Hagamos ladrillo en vez de usar piedras y cozámoslo en el fuego. Utilizaremos asfalto en lugar de cemento. Pongamos todos manos a la obra y edifiquemos una torre que llegue hasta la morada de Dios, en los cielos. Cuando estemos a su altura y contemplemos sus aposentos, seremos iguales a Él. Seremos los más poderosos sobre la Tierra y todos los pueblos se humillarán ante nosotros. Y yo seré el dueño de este inmenso reino".

Los habitantes de Babel aclamaron la decisión de su rey y todos participaron en la edificación de la torre. Los días y los meses pasaron. La torre era ya alta, pero no alcanzaba el cielo. Los ladrillos no faltaban, pero muchos se cansaban de trabajar tanto sin llegar a la meta anhelada.

Moradores de otras regiones que se habían enterado del proyecto, acudían en masa para ayudarlos y, entre todos, la obra avanzaba.

Dios es muy paciente, pero conoce la necedad del hombre. La soberbia de Nimrod y de su gente le recordaba el orgullo de Adán y Eva cuando comieron del árbol de la ciencia del bien y del mal. Se acordó con dolor de lo que siguió y entonces supo qué decisión tomar. Bajó a la Tierra y miró la torre. Era muy alta para los hombres, pero tan insignificante a los ojos del hacedor del universo. Jamás alcanzaría el cielo. Además, se estaban desviando del camino trazado por Él. La torre se había vuelto más importante que Dios.

Entonces confundió la lengua que todos hablaban y cada persona empezó a hablar un idioma diferente al de su compañero. Fue tal la confusión que tuvieron que detener la construcción de la torre. Los obreros no se comprendían entre sí. Cuando uno pedía asfalto, le entregaban ladrillos. Si necesitaba una escalera, un balde de agua recibía. Aterrorizados por el poder de Dios, huyeron por toda la Tierra. La torre recibió el nombre de Babel que significa "confusión", y desde este día, cada pueblo habla un idioma diferente al de sus vecinos.

El llamamiento de Abraham

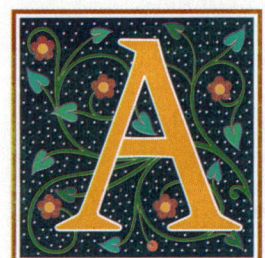A partir del reino de Babel, los hombres empezaron a adorar ídolos en vez del Dios verdadero. Ya no ofrecían animales en holocausto, sino que sacrificaban niños recién nacidos y mujeres vírgenes a sus esculturas de oro o piedra. Sin embargo, como Noé en tiempos pasados, un hombre aún se acordaba de hacer la voluntad del Todopoderoso. Residía en Ur, una ciudad de la región de Caldea, y su nombre era Abram. Hacía muchos años que se había casado con Sarai, pero no tenían hijos porque ella era estéril. Los dos vivían con Lot, el sobrino de Abram, y con Milca su mujer. Ambas familias eran muy ricas, pues poseían bastante ganado y muchos criados les servían. Eran respetados en toda la región por los bienes que abundaban en su casa, pero sobre todo por tener una vida recta delante de Dios.

Sucedió un día que Abram estaba en los campos revisando su ganado cuando oyó una voz desde el cielo:

- "Abram, hijo mío. Te conozco desde antes de que nacieras y te he visto crecer. Eres un hombre bueno y te aprecian todos los que te rodean. También eres justo y siempre me ofreces lo mejor de tu ganado. En ti me he complacido año tras año y hoy te llamo. Te he escogido para hacer de ti una gran nación, y te bendeciré. En ti serán benditas todas las familias del planeta. Ahora sal de tu tierra y deja a tu parentela, y vé al lugar que yo te mostraré".

Sin dudarlo un instante, Abram recogió sus tiendas y se puso en marcha con Sarai, sus criados, su ganado y todos los bienes que poseía. También los acompañaron Lot y Milca, junto con sus criados, bienes y ganado. Formaban una enorme caravana que se desplazaba lentamente por el desierto en busca de la tierra prometida. Luego de largas jornadas de viaje, llegaron finalmente a Canaán. Era como un oasis en medio de la soledad del desierto. Los montes estaban cubiertos de pastos verdes donde pacían ovejas y cabras. Se observaban árboles frutales por doquier y todos los campos se encontraban listos para una abundante cosecha. Entonces Dios habló a Abram:

- "A ti y a tus hijos daré esta tierra".

De Abram no había nacido descendencia, pero él tenía fe. Si Dios había creado el universo de la nada, también tenía poder para darle un hijo. El cumpliría su promesa. Al poco tiempo de haberse instalado en Canaán, los pastores de Lot y los de Abram discutían constantemente porque los pastos no eran suficientes para los dos ganados. Entonces Abram se acordó de lo que Dios le había dicho: "Sal de tu tierra y deja a tu parentela, y vé al lugar que yo te mostraré". Y le habló a Lot de esta manera:

- "No quiero que tengamos problemas, porque somos como hermanos. Mira que hay mucha tierra delante de ti. Toma a tu mujer y todo lo que tienes y márchate en seguida".

Apenas Lot se hubo alejado, Dios dijo a Abram:

- "Alza tus ojos y mira. Toda la tierra que alcanzas a ver desde aquí será tuya. Y tendrás tantos hijos que no los podrás contar. Serán como granos de arena en una inmensa playa. Y yo seré su Dios y ustedes mi pueblo. Ésta es la tierra prometida donde vivirán porque así lo he querido. Desde ahora no te llamarás más Abram, sino Abraham, esto es, padre de muchos".

Abraham se arrodilló y lloró. Iba a ser padre de multitudes, y junto con sus descendientes, tendrían una tierra donde vivir. Ya no serían errantes por el desierto. Dios había perdonado el pecado de Caín. La historia del pueblo judío comenzaba. Pronto nacería una nación, cuyo nombre sería Israel.

Sodoma y Gomorra

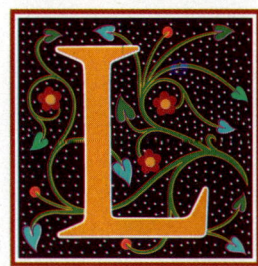

ot abrazó a su tío y se fue hacia la llanura del Jordán. Esta región parecía un huerto irrigado por muchas aguas y tan fértil como Canaán. Apenas llegaron al valle, distinguieron la silueta de una gran ciudad. Lot imaginó sus calles empedradas, la abundancia de sus mercados y el espíritu alegre de quienes la habitaban. Junto con su mujer y los bienes de su casa, se fue a Sodoma y allí se instaló.

Pero los moradores de Sodoma eran hombres malos que habían olvidado a Dios por completo. Cometían graves pecados y ofendían al Creador desde que se levantaban hasta que anochecía. Eran orgullosos, y sólo les importaban los placeres de la carne. Amontonaban riquezas y se envidiaban entre sí. En Sodoma no había amor, sino lujuria; no existía la misericordia, sino la humillación. El débil era apedreado y el rico, exaltado. Lot no compartía este modo de vida, pero sus negocios funcionaban bien. Vivía en una casa amplia y cómoda en uno de los mejores barrios de la ciudad. Además, era respetado por su fortuna y siempre le invitaban a los banquetes que ofrecían las familias más importantes.

Dios estaba cansado de tanta perdición. No había manera de que los habitantes de Sodoma se arrepintieran, porque eran tercos. Así fue como le dijo a Abraham:

- "Abraham, quiero que sepas que voy a destruir a Sodoma y Gomorra porque el clamor de su maldad y el ruido de sus fiestas pecaminosas han subido hasta mí. Iré ahora mismo a castigarlos".

- "Dios Todopoderoso, sé que eres clemente y justo. ¿No matarías al bueno con el malo, cierto? Si hubieran cincuenta hombres rectos en Sodoma y Gomorra, no destruirías estas ciudades, ni si fueran cuarenta o veinte".

Dios escuchó el ruego de Abraham, y de haber tenido razón, seguramente no habría arrasado a Sodoma y Gomorra. Pero ni a un hombre bueno halló en las dos ciudades. Lot también había pecado por amor al dinero y sólo pensaba en agradarse a sí mismo. Pero Dios se acordó de la fidelidad de Abraham. Esta misma noche, mandó dos ángeles a la casa de Lot.

- "Salgan inmediatamente de la ciudad, porque se aproxima una gran mortandad. Y no miren hacia atrás, porque morirán".

Los habitantes de Sodoma y Gomorra estaban enfurecidos contra Lot, y querían destruir su casa porque tenían envidia de todo lo que poseía. pero los ángeles del Señor los protegieron y lograron escapar hacia Zoar, una pequeña ciudad cercana. Habían cruzado el valle y escalado parte de los montes, cuando Dios hizo llover fuego y azufre sobre Sodoma y Gomorra. Las calles se llenaron de muerte, las casas cayeron y todas sus gentes perecieron calcinadas. Entonces Milca se acordó de las riquezas que dejaba atrás y miró hacia Sodoma. En un instante se había convertido en estatua de sal, petrificada para siempre. Lot y sus dos hijas siguieron su camino y sólo se dieron cuenta de la muerte de Mical cuando vieron el resplandor de las llamas sobre la estatua en la llanura.

El hijo de la promesa

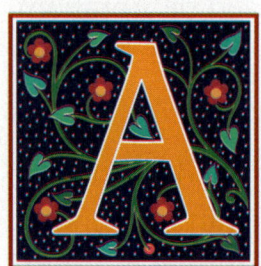
braham llevaba diez años viviendo en Canaán y esperando que Dios cumpliera su promesa de darle un hijo. Pero los días pasaban sin que nada nuevo ocurriera. Sarai, su mujer, estaba desconsolada porque amaba a Abraham y quería que fuera padre, como Dios se lo había dicho. Entonces tomó a Agar, su sierva, y se la entregó a Abraham.

- "Dios me ha hecho estéril, y esto no cambiará. Has esperado mucho tiempo y ya somos viejos. Por favor, toma a mi sierva que es joven y fuerte. Tal vez podré ser madre a través de ella".

Así lo hizo Abraham, y Agar concibió un hijo al que llamaron Ismael, que significa "Dios oye". Pero este nacimiento no trajo felicidad al hogar de Abraham. Agar se burlaba continuamente de Sarai porque era estéril y no dejaba que se acercara a Ismael. Abraham llegó una tarde a su casa y encontró a Sarai llorando amargamente. La apretó contra su pecho y trató de consolarla. Ismael no era el hijo de la promesa, sino de la desobediencia, del afán y de la falta de fe. Pero Abraham lo quería porque era su hijo. Sin embargo, tenía que poner fin a esta situación. Le recordó a Agar sus obligaciones hacia Sarai, la única mujer que él amaba. Agar obedeció.

Trece años después, Dios visitó a Abraham en el campo de Mamre y le dijo:

- "Dentro de un año tendrás un hijo de Sarai, tu mujer. Y no la llamarás más Sarai, sino Sara que quiere decir "princesa", porque será madre de muchas naciones".

- "Dios, ya tengo cien años y mi mujer noventa. ¿Cómo podremos tener un hijo?"

- "¿Acaso existe alguna cosa difícil para Dios? Ten fe, Abraham. Sara te dará un hijo y lo llamarás Isaac, que significa "risa" porque traerá gozo a tu casa".

Abraham corrió para anunciarle la buena nueva a su esposa. Pero ella se burló, porque ya no tenía fe. "Estoy muy vieja -pensó- si no pude tener hijos cuando era joven, ¿cómo los tendré ahora?" Sin embargo, en el tiempo previsto tuvo un hijo varón. Dios se había acordado de ella. Lo llamaron Isaac y la risa volvió a la casa de Abraham.

El sacrificio de Isaac

Con el nacimiento de Isaac, cambió la vida de Abraham y de su esposa. Parecían una pareja de recién casados. Ambos se sentían jóvenes y con la vida por delante. Cada día, Abraham se postraba ante Dios y le adoraba por haberse acordado de ellos. Isaac era un niño hermoso y muy fuerte. Amaba a su hermano Ismael pero éste lo rechazaba. Sara se dio cuenta del maltrato que recibía Isaac y le dijo a Abraham:

- "Ya es tiempo de que eches a la sierva con su hijo. No quiero que él herede lo que sólo le pertenece a Isaac".

Abraham pensó en Ismael y sintió un profundo dolor. Pero Dios había prometido cuidarlo. Nada le pasaría porque de él nacería un gran pueblo: los árabes. Agar tomó un jarro de agua, un poco de pan y se fue con su hijo por el desierto. Era la última vez que Abraham veía a Ismael.

La vida volvió a la normalidad. Isaac era muy pequeño cuando

Agar se llevó a Ismael y nunca más se acordó de su hermano. Disfrutaba del cuidado de sus padres y de ellos aprendía a hacer la voluntad de Dios. Todos los días oraba con Sara y Abraham y agradecía al Creador por haberle dado unos padres tan amorosos. Además, muchas veces acompañaba a Abraham a sacrificar animales en el monte. Así aprendió a hablar con Dios y a amarlo de verdad. Isaac tenía ya unos diez años cuando el Todopoderoso se dirigió a Abraham y le dijo:

– "Abraham, toma a tu hijo, al único que tienes y que amas con todo tu corazón. Vete al monte Moriah, pónlo sobre el altar y entrégamelo en sacrificio".

Jamás había pensado que Dios le fuera a pedir a Isaac. Era el hijo de la promesa y lo había concebido siendo ya un anciano. De este niño dependía su descendencia y la vida de muchedumbres. Además, Abraham amaba a Isaac más que a sí mismo. Y Sara, su querida Sara, ¿cómo la consolaría? Éstos y otros pensamientos se amontonaban en su cabeza, pero una cosa era clara: no quería desobedecer a Dios. Él le había dado a Isaac, y también se lo podía quitar. Al día siguiente, Abraham se levantó muy de mañana. Luego de orar, despertó a Isaac.

- "Acompáñame, hijo. Vamos a ofrecer un sacrificio en el monte".

Abraham cortó leña, alistó su asno, tomó a dos de sus siervos, y se fue con Isaac en dirección del sitio que Dios había señalado. Luego de tres días de viaje, divisaron el lugar desde lejos. Entonces ordenó a sus criados:

- "Quédense aquí con el asno. Yo y el niño iremos a adorar a Dios y volveremos".

Abraham cogió el fuego y el cuchillo, colocó la leña sobre la espalda de Isaac, y ambos se fueron. Cuando ya habían subido buena parte de la montaña, Isaac preguntó:

- "Papá, veo que llevas el fuego y el cuchillo, y yo la leña. ¿Pero dónde está el cordero que le vamos a ofrecer a Dios?"

- "No te preocupes, hijo. Él nos dará el cordero para el sacrificio. Tú ya sabes cuán bueno es con nosotros".

Por fin llegaron a la cima del monte Moriah. Abraham edificó el altar, colocó la leña y ató a Isaac. Miraba a su hijo que parecía aún no comprender lo que sucedía y se sentía desfallecer del dolor. Pero no dudó. Cogió el cuchillo y lo levantó para degollar a Isaac. La punta ya se dirigía hacia la inocente víctima cuando Dios gritó desde el cielo:

- "¡Deténte, Abraham! No le hagas daño a tu hijo, porque ahora sé que me amas por encima de todas las cosas".

En el momento en que Abraham dejó de oír la voz de Dios, percibió un ruido desde los matorrales cercanos. Era un cordero que estaba enredado y luchaba en vano para liberarse. ¡Dios había provisto el animal para el sacrificio, tal como él se lo había dicho a su hijo! En seguida bajó a Isaac del altar y sacrificó al cordero en su lugar. Padre e hijo se abrazaron, lloraron, rieron y agradecieron a Dios por su fidelidad. Jamás olvidaría Isaac esta experiencia. De ahora en adelante, su destino estaba trazado. Se casaría, tendría hijos y de él nacería el pueblo elegido.

Isaac y Rebeca

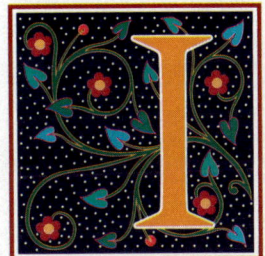
Isaac era ya un hombre cuando murió Sara. Pero le dolía como si hubiera sido un niño. Día y noche lamentaba la muerte de su madre. Abraham sufría en silencio por haber perdido a su esposa y también porque se sabía con poco tiempo de vida. Sería otro motivo de tristeza para Isaac. La sola idea de que su hijo amado se quedara solo, le impedía conciliar el sueño. Así fue como tomó la decisión y llamó a su criado de confianza:

- "Mi hijo está en edad de casarse. Vé a mi tierra y a la casa de mis parientes, y escoge una esposa para Isaac. Júrame que no será una mujer cananea sino que pertenecerá a mi linaje".

- "Señor mío, ¿qué haré si la doncella no quiere seguirme hasta aquí?" –preguntó el criado.

- "Entonces quedarás libre de tu juramento. Porque de ninguna manera volverá Isaac a la región de donde vengo. Dios prometió que la tierra de Canaán sería la herencia de mi descendencia y así será. Isaac vivirá aquí con su esposa y aquí crecerán sus hijos. Ahora vé con Dios y que Él prospere tu camino".

Antes de que se fuera su criado, Abraham le alistó diez camellos y los cargó con toda clase de regalos. Conforme a su riqueza y generosidad, el padre de Isaac escogió especies y manjares delicados, vestidos cosidos con hilos de oro y plata, surcidos además con piedras preciosas; tampoco faltaron los collares, brazaletes y anillos para adornar a la futura prometida y agasajar a sus padres. Provisto de tan valioso cargamento, el criado se puso en marcha hacia la ciudad de Nacor, en la región de Caldea.

El sol y el viento del desierto habían sido inclementes con los viajeros. Por eso, cuando el criado distinguió las puertas de la

ciudad, pensó en descansar y tomar agua en un pozo que se encontraba cerca. Vio que las doncellas del lugar se acercaban a llenar sus cántaros y dijo para sí:

– "¡Dios mío, sé que has escuchado la petición de mi amo. Muéstrame ahora si aquí se encuentra la esposa del señor Isaac. Mira que estoy al lado del pozo de la ciudad y que todas las doncellas vienen a sacar agua. Voy a acercarme a una de ellas y pedirle que me dé de beber. Si me dice: – "Toma y también daré agua a tus camellos", sabré que es la mujer que escogiste para el hijo de mi señor. Ahora sea hecha tu voluntad".

No había terminado de orar cuando vio acercarse al pozo a una doncella muy hermosa. Corrió hacia ella y le pidió agua. Ella bajó su cántaro del hombro y le ofreció de beber, así como a sus camellos. El criado la miraba maravillado. En agradecimiento, le dio un brazalete de oro. Para saber si ella era la mujer que Dios quería para Isaac, le preguntó su nombre:

– "Me llamo Rebeca. Soy hija de Betuel, el sobrino de Abraham".

¡No podía creerlo! ¡Pertenecía a la familia de su amo Abraham! Ahora sólo quedaba que quisiera ser la esposa del señor Isaac y que sus padres estuvieran de acuerdo. Rebeca miró al criado y lo vio muy anciano. La tarde había caído y el frío de la noche no demoraría en hacerse sentir. Así que lo invitó a dormir a su casa donde había suficiente espacio para él y sus camellos. Apenas entraron, el criado no pudo callar el mensaje que le había encargado Abraham y explicó el propósito de su viaje a la familia de Rebeca. Después de algunas consideraciones, llegaron a un acuerdo: ella decidiría si quedarse o irse con el criado para ser la mujer de Isaac. Rebeca aceptó seguirlo. A la mañana siguiente, luego de recibir la bendición de sus padres, Rebeca se puso en marcha hacia Canaán donde habría de ser madre de millares.

Isaac la amó a primera vista. Con su belleza y extrema dulzura, Rebeca sanó su corazón del sufrimiento. Por fin se consoló de la muerte de su madre y volvió a ser feliz.

Jacob y Esaú

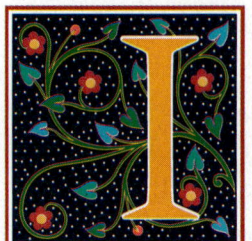

Isaac tenía cuarenta años cuando se casó con Rebeca. Los dos se amaban y vivían felices, pero no podían tener hijos porque Rebeca era estéril. Isaac se acordó de sus padres y de cómo él había sido concebido. Si Dios había hecho un milagro en ellos, también lo podía hacer en su esposa. Así que oró con fe durante mucho tiempo. Aunque los días pasaban, ni él ni su mujer dudaron que tendrían descendencia para que se cumpliera la promesa que Dios había hecho a Abraham. Efectivamente, transcurridos veinte años, Rebeca dio a luz a dos niños gemelos. Los llamaron Esaú y Jacob. Ambos tenían temperamentos muy distintos. Mientrás que Esaú era buen cazador y amaba la vida del campo, Jacob se quedaba en casa junto a su madre. Isaac prefería a Esaú porque era fuerte y varonil; además se deleitaba con las presas que acostumbraba traerle cada día. Jacob, en cambio, era el consentido de Rebeca por su inteligencia y las múltiples muestras de cariño que solía darle.

Así pasaron los años, y ambos niños fueron creciendo hasta ser hombres. Y entonces sucedió algo que cambiaría para siempre la vida de toda la familia.

El Sol ya se había acostado cuando Esaú regresó al hogar. Estaba muy cansado, pues había cazado desde la mañana. Entró a la cocina y vio que su hermano Jacob estaba preparando unas deliciosas lentejas. Esaú tenía mucha hambre, así que le dijo:

- "Jacob, dame un poco de estas lentejas. Tengo mucha hambre y se ven sabrosas".

- "Sólo te las daré a cambio de los derechos de tu primogenitura. Júrame hoy que renuncias a ella a favor mío y comerás todas las lentejas que quieras".

- "Bueno, toma mi primogenitura. Te lo juro, es tuya. Pero sírveme ya".

Esaú no pensó en las consecuencias de este juramento. Acababa de renunciar voluntariamente a los beneficios de la bendición de su padre. Jacob iba a heredar todos los bienes de la casa y Esaú estaría al servicio de su hermano para siempre.

Con el paso del tiempo, Isaac envejeció y se volvió ciego. Sólo reconocía a sus hijos por el olor de su ropa o al tocar su cuerpo. Un día, sintiéndose próximo a la muerte, pidió a Esaú que se fuera a cazar y le preparara su plato preferido. Luego lo bendeciría por ser el primogénito. Rebeca los oyó y llamó a Jacob:

- "Tu padre va a bendecir a Esaú antes de morir. Vé ahora mismo donde está el ganado y tráeme dos cabritos. Guisaré con ellos la comida que más le gusta a Isaac. Tú se la llevarás y él pensará que eres Esaú. Entonces te bendecirá en el lugar de tu hermano".

- "Madre, pero Esaú es velludo y yo lampiño. Mi padre se dará cuenta del engaño y me maldecirá".

- "No te preocupes. Te vestirás con las pieles de los cabritos y te confundirá con tu hermano".

Isaac comió el plato que le había preparado Rebeca y bendijo a Jacob pensando que era Esaú. Éstas fueron sus palabras:

- "Dios te bendiga, hijo mío, con toda clase de riquezas. Tendrás siempre más de lo que necesitas y muchos pueblos te servirán. Aún tu hermano se inclinará ante ti".

Cuando llegó de cazar, Esaú fue a la tienda donde reposaba su padre y se enteró de lo que había ocurrido. Isaac se entristeció mucho por Esaú pero no podía retirar la bendición que le había dado a Jacob. Esaú prometió vengarse y buscó a su hermano por montes y valles. Pero Jacob había huido esperando que Esaú le perdonara con el paso de los años.

Así fue cómo Esaú vendió su primogenitura por un plato de lentejas y cómo Jacob se engrandeció sobre su hermano, hecho que sería decisivo en la futura historia del pueblo judío.

La astucia de Jacob

Jacob hizo conforme al consejo de Rebeca y huyó hacia la ciudad de Harán donde vivía su tío Labán. Al llegar la primera noche, no encontró lugar para dormir y se acostó en el piso. No había comido en todo el día y estaba tan cansado que se durmió en seguida y empezó a soñar. Vio una inmensa escalera que subía hasta el cielo. Muchos ángeles subían y bajaban por ella y Dios lo miraba desde arriba. De pronto le dijo a Jacob:

- "Yo soy el Dios de Abraham y de Isaac. Yo estoy contigo y te protegeré dondequiera que estés. La tierra sobre la cual descansas ahora, yo te la daré a ti y a tu descendencia. Serás el padre de un gran pueblo y todas las familias de la Tierra serán benditas a través de ti".

Cuando Jacob se despertó, sintió la presencia de Dios en el lugar. Se levantó y ungió con aceite la piedra que le había servido de almohada. Oró y llamó el lugar Betel, que significa "casa de Dios". Guardó las palabras del Todopoderoso en su corazón y siguió su camino hacia la propiedad de Labán. Fue bien recibido por sus parientes y decidió quedarse con ellos. Su tío poseía extensas tierras y grandes rebaños de ovejas y cabras, por lo que no faltaba trabajo. Luego de ayudar a Labán durante un mes, éste le dijo:

- "Veo que eres buen trabajador. Quédate con nosotros y yo te pagaré por tu labor. Sólo dime qué quieres por salario".

- "Me gusta Raquel, tu hija menor. Te serviré y, al cabo de siete años, ella será mi esposa".

Jacob trabajó con entusiasmo hasta que llegó el día de la boda. Se organizó una gran fiesta y todo parecía haber sucedido según lo previsto. Pero cuando se despertó Jacob a la mañana siguiente, se

Biblia para niños

dio cuenta que Labán lo había engañado. Había dormido con Lea, la hija mayor de su tío, y no con Raquel. Jacob se enfadó, pero decidió trabajar otros siete años para casarse con Raquel porque la amaba.

Después de trabajar catorce años en la casa de Labán, Jacob se casó con Raquel. Tuvo hijos con sus dos esposas y las siervas de éstas hasta completar los doce. Su tío estaba satisfecho de que sus hijas se hubieran casado con su sobrino y que vivieran todos bajo el mismo techo. Sin embargo, Jacob quería volver a Canaán con su familia y los bienes que había ganado con años de esfuerzo. Labán se enteró con disgusto de la decisión de su sobrino porque Dios lo había enriquecido mucho desde que éste vivía con él y temía perder dicha abundancia si se iba. Pero ya era hora de que Jacob volviera a la casa de sus padres y le pidiera perdón a Esaú. Por eso manifestó a Labán:

- "Aparta de tus rebaños todas las ovejas y cabras que tengan manchas de color o rayas

oscuras. Éste será mi salario y me iré en paz a la tierra de Canaán".

Jacob revisó los rebaños de su tío y vio que las únicas bestias manchadas o rayadas que quedaban eran las débiles y enfermas. Labán había escondido las demás. Entonces decidió engañarlo y hacerse más rico que él. Tomó muchas ramas de distintos árboles y les quitó la corteza de tal modo que quedaran rayadas o manchadas. Las colocó en los abrevaderos donde los animales iban a beber. Al verlas, todas las ovejas y las cabras parían crías manchadas o rayadas. Así fue cómo Jacob se vengó de su tío Labán. Tuvo los rebaños más grandes de toda Caldea, sin contar los numerosos criados, siervas y bienes que lo acompañaron en su regreso a Canaán. Conforme a lo que Dios le había anunciado en el sueño, lo había guardado de la envidia de su tío y le había dado más de lo que necesitaba.

43

Jacob lucha con el ángel

De regreso a Canaán, Jacob no podía dejar de pensar en Esaú. No lo había visto desde hacía veinte años y esperaba que ahora le perdonaría. Era su único hermano y lo amaba como a sí mismo. Por eso mandó a algunos de sus criados adelante para que anunciaran su llegada. Cuando volvieron, le dijeron que Esaú venía a recibirlo acompañado con cuatrocientos hombres. Jacob se asustó en gran manera porque creyó que su hermano iba a matarlo, y robarle todo lo que tenía para vengarse de haberle quitado la bendición de Isaac. Jacob no quería pelear con Esaú porque sabía que era más fuerte que él. Además, venía con todo un ejército consigo. Pero muchas veces, la inteligencia puede más que la fuerza. Jacob miró a su alrededor y vio cómo su riqueza se extendía por el campo y el valle. Mejor sería regalarle a Esaú una parte de su ganado para contentarlo...

Jacob seguía meditando en este asunto cuando le sorprendió la noche en su tienda. Se acostó sin

comer y prontó quedó dormido. Pero, de repente, le despertó una extraña visita. Un ángel estaba a la puerta y lo llamaba. Jacob estaba aún somnoliento cuando recibió un fuerte golpe en el hombro. El ángel lo retaba y así comenzó una lucha cuerpo a cuerpo que duraría hasta el amanecer porque Jacob no se rendía. Entonces el ángel –que era fuerte como un gigante– apenas le rozó la ingle y lo dejó cojo para toda la vida. Los primeros rayos del alba aparecieron en el horizonte y el mensajero de Dios le dijo a Jacob:

- "Déjame ir ahora, porque ya va a amanecer".

- "No antes de que me bendigas" –contestó Jacob.

- "No te llamarás más Jacob –declaró el ángel– sino Israel, porque has luchado con Dios y con los hombres y has vencido. Bendito eres tú y toda tu descendencia".

El ángel desapareció y Jacob se quedó tendido en el suelo, sosteniendo la pierna que le dolía. ¡Había visto a Dios cara a cara, y no había muerto! El Todopoderoso había tenido misericordia de él y había soportado su altivez una noche entera. Jacob miró su muslo herido y dio gracias. Levantó un altar y llamó el lugar Peniel, lo cual significa "el rostro de Dios". Entonces alzó sus ojos y vio a Esaú y a sus hombres que se acercaban. Se arrodilló en señal de arrepentimiento. Cuando Esaú lo reconoció, corrió a su encuentro, lo levantó del suelo, lo abrazó fuerte contra sí y lo besó en las mejillas. Ambos lloraron y así se reconciliaron después de veinte años de resentimiento.

José es vendido por sus hermanos

anaán era una región fértil y Jacob se hizo aún más rico. Aunque ya anciano, se sentía lleno de vitalidad y entusiasmo. Vivía cerca de su hermano Esaú y éste lo visitaba frecuentemente. Para estas ocasiones, Jacob se apoderaba de la cocina y preparaba un delicioso guisado de lentejas, lo cual siempre daba lugar a comentarios jocosos y a la evocación de recuerdos comunes. Todos los hijos de Jacob se reunían en torno a la mesa, y escuchaban divertidos los relatos que ambos contaban. Jacob amaba a sus doce hijos, pero José, el menor, era su preferido. No porque fuera más especial, sino por haberlo tenido en la vejez. Siempre lo sentaba a su derecha y lo consentía de mil maneras.

Un día, le entregó una túnica de colores que él mismo había hecho. Cuando los demás vieron a José con tan hermosa prenda sintieron celos, pues sabían que su padre le amaba más que a ellos. Esta situación les parecía injusta porque eran buenos hijos y trabajaban sin descanso, mientras que José se limitaba a vigilarlos e informar a Jacob de lo que hacían. A sus dieciseis años, José era muy consciente de su posición privilegiada y le gustaba recordárselo a sus hermanos. Y así lo hizo cierta mañana.

Los primeros rayos del Sol bañaban tímidamente la llanura, mientras que los doce hijos de Jacob compartían un copioso desayuno antes de iniciar su jornada en el campo. Usualmente, se repartían las tareas del día y aprovechaban para conversar. Pero aquella mañana algo raro sucedía. José estaba callado, su mirada se perdía a lo lejos... Parecía estar en otra parte.

- "¿Qué tienes, José? ¿El niño está triste? ¿Quieres que llamemos a tu papá?" –dijo uno de los doce con una risa burlona.

- "No, nada de eso. Sólo pensaba en unos sueños que he tenido últimamente".

- "Ahora tenemos un hermano soñador. ¿Qué les parece? Cuéntanos rápido, porque nosotros sí tenemos mucho que hacer".

- "Hace unas noches, soñé que atábamos manojos en el campo. Mi manojo estaba derecho y se levantaba, pero los suyos estaban alrededor y se inclinaban al mío. Y ayer, soñé que el Sol, la Luna y once estrellas se postraban ante mí".

- "¿Qué te has creído? ¿Acaso pretendes ser nuestro rey y que te sirvamos?"

A Jacob no le gustaba que José contara estos sueños, porque sabía que sus demás hijos lo aborrecían. Sin embargo, dichos sueños no dejaban de inquietarle, y pasaba largas horas orando para que Dios se los explicara. Sus hermanos, por el contrario, se sentían ofendidos por José y maquinaban asesinarlo. Un día que Jacob lo mandó a mirar qué estaban haciendo y cómo estaba el rebaño, éstos lo vieron desde lejos y acordaron matarlo. Pero Rubén lo amaba y quiso proteger su vida.

- "No lo matemos. Mejor echémoslo en aquella cisterna que está en medio del desierto. Allí morirá, sin que nosotros hayamos derramado su sangre". Rubén pensaba venir de noche y rescatar a su hermano menor. Tal como lo habían planeado, cuando llegó José, le quitaron su túnica de colores y lo echaron desnudo en la cisterna. Mientras comían, vieron pasar una caravana de comerciantes que se dirigía a Egipto. Entonces Judá dijo:

- "Vendamos a José a estos mercaderes. No lo volveremos a ver jamás y no seremos responsables de su muerte. Matemos a algún animal y derramemos su sangre sobre la túnica de colores y haremos creer a nuestro padre que una bestia salvaje devoró a su hijo preferido. Ésta será nuestra venganza". Por veinte monedas de plata fue vendido José. Como esclavo se encaminó a Egipto, mientras que Jacob lloraba desconsoladamente su presunta muerte.

José en Egipto

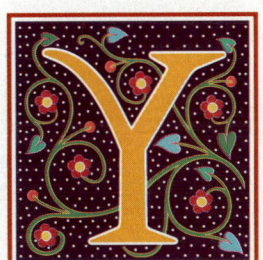

Ya en Egipto, los comerciantes vendieron a José como esclavo a un hombre llamado Potifar. Era la persona de confianza del faraón y el jefe de sus ejércitos. Pese a su corta edad, José se distinguió entre los criados de su amo porque Dios estaba con él. Nadie le igualaba en la realización de sus tareas. Además, siempre tenía una sonrisa para Potifar a quien respetaba y servía con dedicación, razones por las cuales fue ascendido a mayordomo al poco tiempo. Sus funciones consistían en administrar todos los bienes de su amo y velar por que los demás esclavos realizaran a cabalidad las labores que él les encomendaba. Y Dios prosperaba todo lo que José hacía. Desde que estuvo encargado de la propiedad de Potifar, había orden, paz y sobre todo mucha abundancia, tanto en la casa como en el campo.

José había crecido en Egipto y ya era un hombre de muy buena apariencia. Tenía el porte de su padre, un cuerpo de cazador y los rasgos delicados de Raquel, su madre. Siervos y egipcios lo admiraban por sus capacidades, pero también por sus atributos físicos. La esposa de Potifar no era la excepción. José se cuidaba de ella porque había tratado de seducirlo en varias oportunidades, pero él se rehúsaba a cometer semejante pecado. Herida en su orgullo, lo acusó de querer deshonrarla y Potifar lo encarceló. José no trató de defenderse, porque sabía que era inútil. Prefería descansar en la misericordia de Dios que siempre es fiel y justo con los que le aman. Y efectivamente. El jefe de la cárcel no demoró en confiarle a José el cuidado de todos los presos, quienes le obedecían por su impecable conducta y el buen trato que éste les daba. Jamás hubo revueltas ni queja alguna mientras José estuvo a cargo de la prisión.

Una mañana, la llegada de dos presidiarios causó conmoción al interior de la cárcel. Eran el jefe de los panaderos y el copero del rey, dos oficiales de alto rango en la jerarquía del faraón. José les servía mientras esperaban el veredicto de su condena. Cierta noche, ambos tuvieron un sueño que les entristeció en gran manera, porque no lograban entenderlo y temían que fuera el anuncio velado de su muerte. Después de escucharlos, José interpretó cada sueño gracias a la sabiduría que Dios le había dado. Y al tercer día, ocurrió exactamente lo que él había dicho: fue ahorcado el panadero y el copero recobró su empleo. La noticia del dón de José corrió de boca en boca y pronto todo el palacio estaba enterado de que el esclavo hebreo interpretaba los sueños.

Pasaron dos años y, pese a su buena conducta, José seguía en la cárcel. Sin embargo, un hecho inesperado lo iba a librar de este injusto encierro. Sucedió que el faraón tuvo un sueño. Luego de convocar a todos los adivinos del reino, nadie pudo interpretarlo. Entonces el copero se acordó de José y lo mandó llamar. Despúes de escuchar el relato del faraón, José le dijo:

– "Dios ha querido que el faraón entienda el sueño. He

aquí su significado: Las siete vacas gordas y las hermosas espigas corresponden a siete años de abundancia que vendrán sobre Egipto. En cambio, las siete vacas flacas y las espigas marchitas anuncian siete años de hambre. Dios le aconseja al faraón que escoja a un hombre prudente y sabio que sepa administrar los tiempos de abundancia y almacenar provisiones para cuando lleguen la sequía y el hambre. De esta manera, nadie perecerá en Egipto".

El faraón quedó impresionado por la sabiduría de José y lo nombró gobernador de todo Egipto. Después del faraón, era el hombre más importante del reino. Y tal como lo había anunciado, vino la abundancia y luego la sequía. Pero no faltó alimento en todo Egipto. Antes bien, sobraba comida para vender a los pueblos vecinos que acudían a José por multitudes.

Dios había sido bueno, y él lo reconocía. Sin embargo, no tener noticias de los suyos lo atormentaba en medio de su aparente felicidad.

José perdona a sus hermanos

Ni la prosperidad, ni el favor del faraón y del pueblo egipcio, ni su matrimonio y tampoco el nacimiento de sus hijos Efraín y Manasés, hicieron olvidar a José de su tierra natal. Era un pensamiento constante que rondaba por su mente día y noche. Lo atormentaba la idea de que su padre siguiera sufriendo por su desaparición y que sus hermanos estuvieran padeciendo hambre a causa de la sequía.

José tenía razón de estar preocupado. La tierra de Canaán se había secado y sus habitantes se encontraban al borde de la muerte, incluso su familia. Jacob se enteró de que en Egipto no faltaban alimentos sino que, al contrario, tenían suficientes provisiones para abastecer a quien las necesitara. Mandó inmediatamente a sus hijos para que fueran a comprar trigo y así salvarlos de la hambruna. El viaje hacia Egipto fue largo y penoso. Varias caravanas se abrían camino entre la arena para llegar hasta el palacio del faraón. Nadie se detenía a descansar, ni siquiera de noche, por temor a que la comida se acabara. Los hijos de Jacob apretaron el paso y llegaron antes que muchos. Se unieron a las filas de gente que esperaban desde temprano ser remitidos a la casa de José, lugar donde se vendían los alimentos a los forasteros.

José los reconoció en seguida, pero los trató como a extraños. Al verlos arrodillados y oír cómo lo llamaban señor, se acordó de sus sueños y de las once estrellas que se postraban ante él. Pero Benjamín no estaba. Se había quedado con Jacob por ser el más joven. Al darse cuenta de

ello, José los acusó de ser espías y fueron llevados a la cárcel hasta que su otro hermano no se hiciera presente para dar testimonio de su buena fe. La idea de José no era vengarse ni maltratar a sus hermanos. Tenía la esperanza de que su padre acompañara a Benjamín hasta Egipto, y así poder revelar su verdadera identidad a toda la familia.

Pasados varios días, José los visitó a la cárcel y les dijo:

– "Vayan a su casa con el trigo que necesitan, porque sé que muchos sufren de hambre en Canaán. Pero uno de ustedes se quedara aquí hasta que vuelvan con su hermano menor y comprueben que todos son hijos de un mismo padre, y que no vinieron aquí a espiar ni a hacer algún mal al faraón".

Los diez hermanos recordaban cómo habían vendido a José a los egipcios y creían que ésa era la causa de su desgracia. Al salir de la celda, José no pudo contener las lágrimas. Mandó llenar las alforjas de sus hermanos con el mejor trigo, ordenó devolverles su dinero y les dio comida para el camino. Pero Simeón se quedó en la cárcel.

Cuando regresaron a casa, Jacob escuchó con mucha tristeza lo que había acontecido. Muy a su pesar, los dejó ir de nuevo con Benjamín, pero no sin antes decirles que se moriría de pena si algo le sucediera.

Llegaron a Egipto ya entrada la tarde y, luego de comprar más trigo, fueron convidados a la casa de José. Comieron y bebieron como si fueran viejos amigos. Al finalizar la cena, José mandó cargar los asnos de trigo junto con el dinero pagado y escondió su copa de plata en el saco de Benjamín.

A mitad de camino, el mayordomo de José ordenó detener la caravana y los acusó de haber robado a su señor. En efecto, encontraron la copa de plata en la bolsa de Benjamín, quien fue condenado a quedarse como esclavo por el delito cometido. Los once hermanos estaban desesperados.

- "Nuestro padre morirá si regresamos sin Benjamín. Señor, tenga compasión de nosotros y déjenos ir". -suplicó Judá.

José se conmovió por las palabras de su hermano y descubrió su identidad. Todos se abrazaron y se pidieron perdón. Prometieron volver pronto con Jacob para instalarse definitivamente en Egipto, ya que la comida escaseaba en Canaán.

La esclavitud en Egipto

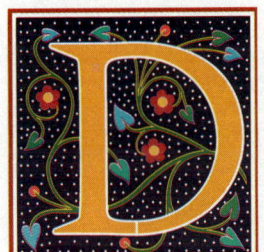esde la azotea del palacio del faraón, José divisó una inmensa polvareda que venía del desierto. Era su padre Jacob, las mujeres, los niños y los criados de su casa junto con el ganado, que por fin habían llegado a Egipto. En un instante, José había ensillado su caballo y galopaba a toda prisa bajo el intenso sol del mediodía. Apenas estuvo cerca, se arrojó al piso y corrió para abrazar a su padre.

- "¡Mi hijo aún vive! ¡Alabado sea Dios que me ha permitido verle antes de morir! Que ahora vuelva la vida a mi alma y pueda vivir contigo hasta que se acaben mis días" –exclamó Jacob entre sollozos de alegría.

Setenta personas fueron las que viajaron desde Canaán con el patriarca. Se instalaron en la tierra de Gosén, la región más fértil de todo Egipto.

Diecisiete años más tarde, Jacob murió y fue sepultado en Canaán. José mantenía la casa de su padre y, al cabo del tiempo, su familia se multiplicó. El ganado era numeroso y ocupaba largas extensiones de las mejores tierras de Egipto, lo cual empezó a crear envidia entre los siervos del faraón. José murió a los ciento diez años dejando tras de sí a un imperio egipcio próspero.

Sin embargo, los faraones se sucedieron y poco se acordaron de que José había salvado a su pueblo de morir de hambre. Miraban a los hebreos como a invasores que amenazaban con apoderarse del reino. Pero lejos estaba este pensamiento de los descendientes de José. Era gente pacífica, pastores de ovejas dedicados al comercio de animales y de grano, con lo cual habían reunido una enorme riqueza desde su llegada a Egipto, porque Dios prosperaba la obra de sus manos. También bendecía los vientres de las mujeres hebreas que daban a luz hijos fuertes cada año.

Al ver sus campos llenos de judíos, los egipcios tuvieron miedo y decidieron librarse de ellos. Se reunieron los sabios y concluyeron:

– "¡Son demasiado numerosos! Hay que echarlos de aquí o acabar con ellos. De otro modo, bajarán al faraón de su trono y seremos sus siervos" –declaró enfáticamente uno de los sabios.

– "Sí, es cierto. Ya tienen las mejores tierras y gran parte de nuestro dinero. No podemos esperar más" –opinó otro.

Así comenzó uno de los peores episodios de la historia del pueblo judío: la esclavitud. Los egipcios exigieron que los hebreos les pagaran cuantiosos impuestos a cambio de vivir en Gosén y de comercializar en su país. Progresivamente, los judíos se convirtieron en esclavos, obligados a los trabajos forzados a cambio de una ración diaria de comida. Pero, pese a la opresión, crecían en número y se hacían más fuertes. El faraón y toda la población les temían y no veían cómo deshacerse de ellos. Desafortunadamente, pronto encontrarían una salida que inundaría a Egipto de sangre inocente, causando dolor y resentimiento por siglos.

El nacimiento de Moisés

l consejo de sabios llegó a una determinación y se la compartieron al faraón: la única manera de librarse de los hebreos era matar a todo niño varón que les naciera. Ante su aprobación, se escribió un edicto en el cual se le ordenaba al pueblo egipcio echar al río a todos los bebés judíos nacidos varones. Cualquiera que no obedeciera las órdenes del faraón sería condenado a muerte. Y el horror se extendió por todo Egipto. Miles de niños murieron ahogados en el Nilo a causa de la crueldad del faraón. Los hebreos lloraron amargamente la pérdida de sus pequeños, pero no se rindieron porque confiaban en el Todopoderoso Dios de Israel que habría de salvarlos de sus enemigos. Recordaban sus palabras cuando Jacob dejó a Canaán:

- "No temas ir a Egipto, porque allí yo haré de ti una gran nación y siempre estaré contigo".

Aconteció un día que una mujer de la tribu de Leví dio a luz a un hermoso bebé varón. Lo escondió en su casa, pues no quería que los egipcios lo encontraran y lo mataran. Sin embargo, a los tres meses, el llanto del bebé era tan fuerte que su madre temió ser descubierta por los vecinos. Recogió unos juncos a la orilla del Nilo y tejió con ellos una canasta. Allí colocó al niño y empujó suavemente el frágil barco a las aguas del río. La hija del faraón se estaba bañando a pocos metros en compañía de sus doncellas. Cuando se dio cuenta, la mujer hebrea tuvo miedo por su hijo, pero nada podía hacer. La canasta flotaba apaciblemente y se acercaba a la princesa.

- "¿Qué es esto? Denme esta canasta, por favor" -solicitó la hija del faraón a sus esclavas al ver la cesta. "¡Es un niño! Miren cómo llora... Debe ser de los hebreos, pero qué lindo se ve. Yo lo adoptaré y vivirá conmigo en el palacio".

La hermana de la mujer hebrea había presenciado la escena escondida entre los juncos. Se acercó a la hija del faraón y le preguntó:

- "Princesa, ¿quién amamantará al niño? ¿Quiere que le busque a una nodriza de las hebreas para que lo críe? Cuando esté más crecido, usted podrá llevarlo al palacio".

- "Vé, pues, y encuentra a la mejor nodriza que puedas, porque este niño es como mi hijo".

La mujer corrió a la casa de su hermana, la verdadera madre del pequeño, y la halló orando. Gruesas lágrimas rodaban por sus mejillas, pero daba gracias a Dios por su fidelidad. Los golpes en la puerta y los gritos que oía afuera la alarmaron aún más y alcanzó a pensar lo peor. Sin embargo, ni así dejó de dar gracias.

- "¡Hermana, un milagro acaba de suceder! La hija del faraón se conmovió al ver al niño llorando y quiere que se lo críes. Luego, vivirá con ella en el palacio. Pero, eso sí, nadie debe enterarse de que eres su madre".

Cuando creció, el niño recibió el nombre de Moisés que en egipcio significa "salvado de las aguas". Vivió en la casa del faraón como si fuera su propio hijo, esperando que Dios le mostrara su verdadero destino.

Moisés huye de Egipto

Algo muy grande habría de suceder con Moisés y así lo pensaban todas las personas que lo conocían. Era un niño despierto, inteligente y de hermoso aspecto. Durante sus primeros años, vivió en casa de su madre y aprendió de ella el amor a Dios y a la raza judía. Hablaba el hebreo y participaba de todas las fiestas sagradas. Conocía la historia de su pueblo y las promesas que el Todopoderoso había anunciado acerca de su futuro. Confiaba en que un día llegaría un salvador que los libraría de la esclavitud y los sacaría de Egipto para guiarlos hacia la tierra prometida al patriarca Abraham.

Cuando creció, la hija del faraón lo mandó llamar para vivir en el palacio. Esto significaba negar sus raíces hebreas para convertirse en un auténtico egipcio. Moisés amaba a los suyos, pero su madre lo había preparado para este momento. Era parte de un camino trazado por Dios y que debía recorrer.

No había nadie tan amado en la casa del faraón como el joven Moisés. La princesa lo rodeaba de atenciones y sincero cariño. Los ricos le hacían reverencia y hasta los más humildes lo consentían. Fue vestido con las mejores telas, perfumado con exóticos bálsamos y alimentado con los más delicados manjares. Asimismo, asistió a las más prestigiosas escuelas y universidades de Egipto en las cuales adquirió una vasta cultura. Sin embargo, jamás se olvidó de las enseñanzas de su madre a quien visitaba frecuentemente.

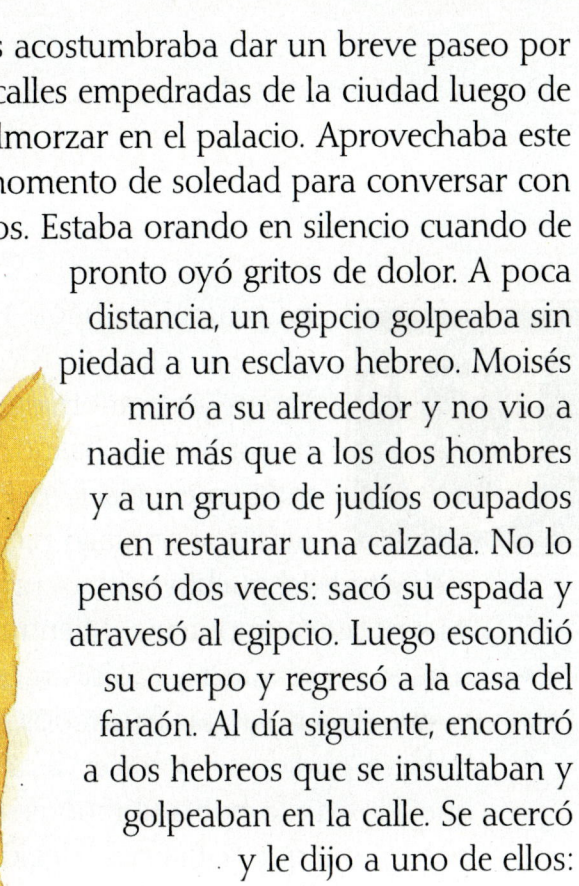

Moisés acostumbraba dar un breve paseo por las calles empedradas de la ciudad luego de almorzar en el palacio. Aprovechaba este momento de soledad para conversar con Dios. Estaba orando en silencio cuando de pronto oyó gritos de dolor. A poca distancia, un egipcio golpeaba sin piedad a un esclavo hebreo. Moisés miró a su alrededor y no vio a nadie más que a los dos hombres y a un grupo de judíos ocupados en restaurar una calzada. No lo pensó dos veces: sacó su espada y atravesó al egipcio. Luego escondió su cuerpo y regresó a la casa del faraón. Al día siguiente, encontró a dos hebreos que se insultaban y golpeaban en la calle. Se acercó y le dijo a uno de ellos:

- "¿Por qué golpeas a tu hermano?"

- "¿Quién eres tú para darme órdenes? ¿Acaso piensas matarme como hiciste con el egipcio?" -contestó el israelita.

Moisés comprendió que toda la ciudad sabía del crimen que había cometido. En efecto, el faraón lo estaba buscando para matarlo. Pero Moisés alcanzó a huir de Egipto y llegar a la tierra de Morián, donde moró por mucho tiempo. Allí conoció a su mujer Séfora y se dedicó a pastorear ovejas. Fueron años de quietud durante los cuales Dios formó el carácter de Moisés. Le dio paciencia y mansedumbre. Además, le enseñó a dominar sus emociones y a respetar la vida, cualidades que necesitaría más adelante para cumplir una difícil misión.

La zarza ardiente

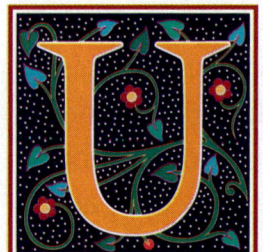na generación había transcurrido desde la salida de Moisés de Egipto. Ya era un hombre de ochenta años, de carácter reposado y sereno. La vida en el palacio del faraón no era más que un vago recuerdo y la esclavitud del pueblo hebreo, un dolor ante el cual se sentía impotente. Mientras pacía el rebaño de su suegro, Moisés meditaba a veces acerca de sus sueños frustrados, de lo que hubiera podido ser y hacer. Tenía la seguridad de que Dios no lo había librado en vano de las aguas, sino que había sido elegido para realizar una tarea de vital importancia. No obstante, lo atormentaba pensar que el Señor ya no lo considerara digno, y que se hubiera olvidado definitivamente de él.

El gallo acababa de anunciar el comienzo de un nuevo amanecer. Moisés se levantó en seguida porque quería llegar antes del medio día a Horeb. Iba al frente de sus ovejas cuando, de repente, Dios se le apareció en medio de una zarza ardiente y le dijo:

– "Moisés, no te acerques ni pises esta tierra, porque es santa. Yo soy el Dios de Abraham, de Isaac y de Jacob y he venido a hablar contigo".

Moisés se postró y escondió su rostro, porque nadie puede ver a Dios cara a cara sin ser consumido por el resplandor de su presencia. Atónito, esperó el mensaje del Todopoderoso:

- "Mi pueblo está sufriendo en Egipto. He bajado hasta aquí para sacarlos de la esclavitud y darles libertad. Y a ti, Moisés, te he escogido para que los guíes hasta Canaán, la tierra que prometí a Abraham. Di al pueblo de Israel que te he enviado y habla al faraón para que los deje salir".

- "¿Pero, ¿cómo me creerán? No soy sino un pastor de ovejas y no soy hábil para hablar..." –vaciló Moisés.

- "Te creerán porque yo estaré contigo y te daré poder para hacer milagros. Bota tu vara al suelo y verás que yo soy Dios" –ordenó el Señor.

Apenas hubo tocado el piso, la vara se convirtió en culebra. Entonces Dios le dijo:

- "Extiende tu mano y cógela".

Y la culebra se convirtió en vara. Moisés estaba tan sorprendido como asustado. Y la voz del Altísimo resonó de nuevo:

- "Por eso te creerán. Y si no, pon tu mano en tu pecho".

Cuando Moisés miró su mano, estaba leprosa como la nieve.

- "Ahora vuélvela a esconder bajo tu túnica y sácala".

- "¡Dios mío, esto es un milagro! Mi mano está sana..."

- "Y si aún se resisten a creerte, entonces tomarás tu vara y, al tocar las aguas del Nilo, éstas se convertirán en sangre. Ahora vé a Egipto y libera a mi pueblo de la aflicción".

El día del llamamiento había llegado, pero Moisés ya no quería liberar a los hebreos. En verdad, tenía miedo de fracasar. Anduvo cabizbajo hasta la casa de su suegro pensando que ése era el momento que había esperado durante cuarenta años y que no podía evadirlo. Después de conversar brevemente con su familia, cogió lo indispensable para el largo viaje y se dirigió a Egipto. Una gran odisea comenzaba.

Las diez plagas

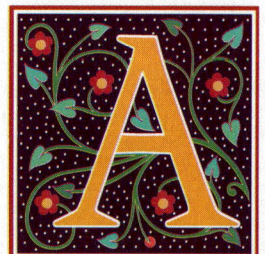arón salió al desierto a encontrarse con su hermano. Pese al temor de Moisés, nadie se acordaba del asesinato del egipcio y todos los que querían matarlo habían muerto. La ciudad era la misma que había dejado cuarenta años atrás, y hubiera podido pensar que el tiempo se había detenido si no hubiera visto las terribles condiciones en las que sobrevivían los hebreos. El corazón de Moisés se quebrantó varias veces mientras llegaba donde su hermano Aarón. Ya a solas, se abrazaron.

- "¡Moisés, bienvenido a casa! ¿Dónde habías estado durante todo este tiempo?" –exclamó Aarón.

- "En un lugar donde Dios me pudiera cambiar. Gracias, hermano, por tu bienvenida, pero ésta no es nuestra casa. Ahora nos iremos todos a nuestro verdadero hogar".

- "No te entiendo, Moisés" –replicó Aarón.

- "Dios me ha enviado para liberar a mi pueblo de Egipto y tú me ayudarás. Escúchame y sabrás qué vamos a hacer".

Luego fueron a hablar con los ancianos. Todo el pueblo creyó que pronto serían libres, y ofrecieron su apoyo incondicional a Moisés. Éste percibió la llama de esperanza que brillaba en sus ojos y salió con Aarón para el palacio del faraón, seguro de que otorgaría la libertad a los judíos. Pero era una persona dura y no los quiso dejar salir. Antes bien, aumentó la servidumbre sobre ellos. Moisés estaba consternado porque su venida no había traído sino desgracia y el pueblo lo culpaba. Después de haber tratado de convencer al faraón varias veces, Dios le dijo a Moisés:

– "El faraón no cree en mi poder y niega mi existencia. Vé mañana al río cuando se esté bañando. Toca las aguas con tu vara y éstas se convertirán en sangre".

Los peces murieron y los egipcios ya no pudieron beber el agua del Nilo. Pero el faraón no cedió. A los siete días, Moisés volvió al palacio pero tampoco quiso escuchar.

Entonces, tocó el Nilo con su vara y miles de ranas invadieron a Egipto. Considerando la terquedad del rey, Dios oprimió a los egipcios con tremendas plagas hasta que el país entero estuvo destrozado. A las ranas les siguieron los piojos y las moscas. Poco después, murió el ganado y los egipcios enfermaron de úlceras y brotes horribles. Pero no fue suficiente. Entonces, Dios hizo llover granizo que mató a hombres y animales e hizo perder las cosechas. También mandó una nube de langostas que devoró lo que quedaba. Luego vinieron las tinieblas que oscurecieron a Egipto durante tres días. Moisés visitó de nuevo al faraón, pero éste amenazó matarlo. Ante su dureza, Moisés le advirtió:

– "La próxima será la última plaga, pero jamás la olvidarás".

Esta misma noche, Dios habló a Moisés:

– "Preparen su salida de Egipto, porque después de esta plaga cruzarán el desierto hacia la tierra prometida. Di a cada familia que maten a un cordero y que rieguen su sangre sobre los postes y el dintel de la puerta de su casa. A medianoche mataré a todos los primogénitos de Egipto, pero no tocaré a los que se encuentren dentro de las casas señaladas por la sangre. Preparen pan sin levadura y hierbas amargas para acompañar el cordero y mientras estén cenando, recuerden que ésta es la Pascua del Señor. La celebrarán cada año en memoria del día en que yo los libré de la esclavitud".

A medianoche, Dios mató a todos los primogénitos de Egipto, desde el hijo del faraón hasta el de la sierva, incluyendo las crías de los animales. Entonces el faraón mandó llamar a Moisés y a Aarón y les dijo:

– "Oigan el llanto de mi gente. Será mejor que tomen su ganado y se marchen de aquí antes de que el pueblo los eche".

Con mano fuerte liberó Dios a los hebreos. Y por primera vez en su historia, iban a tener una tierra donde formar la nación de Israel.

El paso del Mar Rojo

Tan pronto como el faraón dejó salir al pueblo de Israel, Moisés se puso al frente de la inmensa caravana conformada por más de seiscientos mil hombres –sin contar a las mujeres y los niños– y los guió a través del desierto hacia la tierra prometida. Nadie conocía el camino como él, pues había pasado cuarenta años recorriendo la región en busca de los mejores pastos para las ovejas de su suegro. La multitud avanzaba lentamente, porque no tenían carros ni caballos. De día, una gran nube los seguía para protegerlos del sol y una columna de fuego alumbraba el camino en la noche. Al cabo de tres días, llegaron a la orilla del Mar Rojo y allí decidieron descansar.

En Egipto, las familias ya habían enterrado sus primogénitos y pedían venganza. Por su parte, el faraón estaba enfurecido contra los hebreos por haber causado la muerte de su hijo único. Mandó llamar a sus mejores capitanes y salió con todos sus carros de guerra para perseguir a los judíos. Su plan era traerlos de nuevo a Egipto como esclavos y oprimirlos hasta lograr su total rendición.

Desde sus tiendas, los israelitas percibieron una enorme nube de polvo que se acercaba rápidamente y reconocieron los caballos del faraón. Miraron a su alrededor y se vieron encerrados por el Mar Rojo. No tenían otra salida que esperar a que el faraón los alcanzara y los matara.

- "Moisés, ¿para qué nos sacaste de Egipto? Era mejor servir a los egipcios que morir en el desierto" -exclamaron varios.

- "No tengan miedo, porque Dios me ha dicho que nos librará de la mano del faraón para que todos conozcan su poder" -respondió Moisés.

Los egipcios estaban a pocos kilómetros y ya se oían los cascos de sus caballos sobre la arena caliente. Entonces Moisés alzó su vara y tocó las aguas del Mar Rojo, las cuales se dividieron al instante formando un amplio camino seco.

- "Ahora caminen en medio del mar en seco y lleguen pronto a la otra orilla" -gritó Moisés al pueblo.

El faraón no podía creer que algo así pudiera estar sucediendo. Ni sus hechiceros de confianza eran capaces de realizar tal milagro. Los hebreos ya habían cruzado el mar y las aguas seguían divididas.

- "¡Adelante, todo mi ejército! Atravesemos el mar y cojamos a los hebreos ya que su Dios nos ha abierto el camino" -ordenó el monarca.

Estaban a mitad de distancia, cuando Dios habló a Moisés:

- "Extiende tu vara sobre el Mar Rojo y mira la salvación del Altísimo".

Las aguas se cerraron en seguida sepultando consigo al faraón con sus hombres. Por fin los hebreos eran libres para forjar su propio destino, pero muchas otras aventuras les esperaban antes de conocer la tierra prometida.

La fidelidad de Dios en el desierto

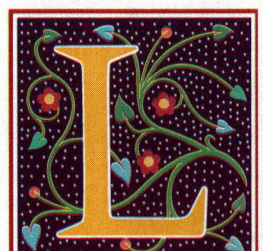uego de festejar la salida de Egipto y entonar cánticos de victoria, los israelitas iniciaron de nuevo el éxodo hacia Canaán. Caminaban el día entero y descansaban escasas horas por la noche. Al cabo de tres agotadoras jornadas en el desierto de Shur, el pueblo estaba extenuado por el calor y la sed, pues no habían encontrado agua desde el paso del Mar Rojo. Los niños se quejaban y muchos se rehúsaban a seguir avanzando. Por fin llegaron a un estanque, pero el agua era amarga y no la pudieron beber. Grande fue la desilusión del pueblo y llamaron aquel sitio Mara que significa "amargura". Moisés escuchó las murmuraciones de su gente que lo culpaban y se puso a orar. Dios le contestó diciendo:

- "Mira el árbol que se encuentra allá. Córtalo y échalo en el estanque. Y el agua salada se volverá dulce".

El pueblo se sació de agua fresca y agradeció a Dios su fidelidad. Al amanecer, retomaron su camino por el desierto. Pasaron más de dos meses y las provisiones que traían de Egipto se acabaron. La tierra por donde andaban era árida y no encontraron siquiera animales salvajes. Lejos de confiar en la bondad de su Creador y recordar los milagros que había hecho para librarlos, los judíos se rebelaron de nuevo contra Moisés:

- "¿Para qué nos sacaste de Egipto? Allá teníamos carne hasta llenarnos y aquí nos estamos muriendo de hambre" -alegaban éstos.

Dios oyó las quejas del pueblo y se dirigió a Moisés:

- "Al caer la tarde comerán carne, y por la mañana se saciarán de pan. De este modo sabrán que yo soy su Dios. Salgan por la mañana apenas caiga el rocío y recojan el pan que haré llover del

cielo. Cada uno tomará su porción del día y no guardará provisión para el siguiente, porque amanecerá dañada. Cuando el sol se esté ocultando, verán codornices por todo el campamento. Atrápenlas y coman".

Cuando se despertaron al otro día, un rocío rodeaba las tiendas y tortillas de pan cubrían la arena. Tenían una forma tan extraña que los israelitas llamaron al pan maná que quiere decir "¿Qué es eso?" Desde aquel entonces, nunca le sobró comida al que había recogido mucho ni le faltó al que había reunido poco, pues cada uno guardaba según su apetito. El maná que quedaba sin recoger se derretía apenas salía el sol, para ser remplazado al alba por un pan fresco recién caído del cielo que sabía a miel. Así vieron los hebreos la fidelidad de Dios mientras duraron los cuarenta años de su travesía por el desierto.

Biblia para niños

71

Los diez mandamientos

os meses pasaban y la tierra prometida no aparecía. Para avivar la fe de los hebreos, Dios les siguió mostrando su poder. Hizo brotar agua de una roca y venció a los amalecitas que les habían declarado guerra. Noventa días después de la salida de Egipto, la multitud llegó al monte de Sinaí y acampó. Hacía mucho tiempo que Moisés no había visto un monte y quiso subir a hablar con Dios como lo hacía cuando era pastor.

Una nube espesa cubrió el campamento y la voz del Señor resonó desde lo más alto de la montaña:

- "Moisés, di al pueblo que esté listo para el tercer día porque entonces todos me verán. Que nadie suba al monte ni lo toque siquiera, sino morirá. Que se santifiquen y laven sus vestidos. Cuando suene la bocina, todos se acercarán al monte y tú subirás".

Al amanecer del tercer día, truenos y relámpagos despertaron al pueblo de Israel. Cuando salieron de sus tiendas, el cielo era oscuro como la noche y un fuerte sonido de bocina parecido al de una trompeta se oía. El monte Sinaí se estremecía y salía humo por sus rocas. El pueblo se acercó tímidamente y Moisés subió.

El Altísimo se dio a conocer a Moisés y le dijo:

- "Yo soy Dios que te sacó de la esclavitud y éstos son mis mandamientos. Si los sigues, guardaré mi pacto y ustedes serán mi especial tesoro. Ahora escucha mis palabras:

No tendrás a otros dioses frente a mí.

No adorarás imágenes ni esculturas.

No jurarás en vano.

Guardarás el día de reposo.

Honrarás a tu padre y a tu madre.

No matarás.

No desearás la mujer de tu prójimo.

No robarás.

No mentirás contra tu semejante.

No tomarás nada de lo que tiene tu prójimo".

Luego añadió:

- "Di al pueblo que no se hagan dioses de oro o de plata. Cuando quieran hablar conmigo, edifiquen un altar de tierra y sacrifiquen sobre él holocaustos y ofrendas de paz. Entonces los escucharé y les bendeciré".

Al bajar del monte Sinaí, la tierra aún se sacudía y los truenos y relámpagos no cesaban. Moisés comunicó al pueblo los diez mandamientos y todos prometieron cumplirlos. Levantaron un altar y sacrificaron lo mejor de su ganado. Entre voces de júbilo y acciones de gracias, celebraron el pacto de Dios con su pueblo.

El becerro de oro

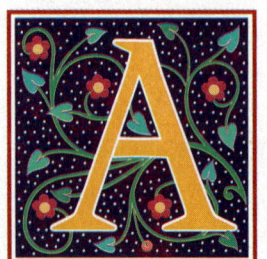

Además de los diez mandamientos, Dios había establecido otras leyes para el comportamiento de los hebreos y quería comunicárselas a Moisés. Por eso lo llamó de nuevo a la cima del monte Sinaí. Allí le explicó cómo administrar justicia, cuáles eran las fiestas sagradas que se debían celebrar anualmente y por qué era tan importante guardar el día de reposo. Además, le ordenó construir un tabernáculo que fuera la casa de Dios en la Tierra donde los hombres pudieran adorarle. Tendría un atrio, un lugar santo y otro santísimo donde se guardaría un arca de madera cubierta de oro que representaría su presencia. Los sacerdotes de la tribu de Leví servirían en el tabernáculo y, sólo una vez al año, el Sumo Sacerdote entraría al lugar santísimo para ver a Dios cara a cara. Entre las muchas explicaciones que el Señor dio a Moisés, le recordó cómo debían ser las vestiduras sacerdotales, cuál había de ser el mobiliario del tabernáculo y qué significaba cada objeto en su interior. Cuando terminó de hablar, le entregó dos tablas de piedra donde estaban escritos los diez mandamientos.

Cuarenta días y cuarenta noches habían pasado desde que Moisés había subido por última vez al monte Sinaí. El pueblo estaba preocupado porque no bajaba. Pensaban que nunca volvería y que Dios los había abandonado en el desierto. Entonces se dirigieron a Aarón y le expresaron:

- "Hace mucho que no sabemos nada de ese Moisés, el hombre que nos sacó de Egipto. Tú eres sacerdote. Levántate y haznos dioses que nos protejan en el desierto".

- "Reúnan todas sus joyas de oro y tráiganlas" –concluyó Aarón.

Los judíos tenían muchos collares, anillos y brazaletes que los egipcios les habían dado para que se fueran. Al fundirlos, formaron un enorme becerro de oro. Aarón construyó un altar y depositó allí la estatua. Grandes y pequeños se postraron ante ella y al día siguiente organizaron una inmensa fiesta porque dijeron:

- "Éste es nuestro dios, el que nos sacó de Egipto. Lo llevaremos hasta Canaán y nos cuidará".

Desde temprano, ofrecieron sacrificios de animales a la estatua. Luego se pusieron a comer y a beber. Muchos se desenfrenaron y cometieron toda clase de pecados. El ruido de las danzas subió hasta el monte Sinaí donde aún permanecía Moisés. Cuando bajó al caer la tarde, encontró al pueblo fuera de sí bailando y cantando alrededor del becerro de oro. Entonces se enfureció y arrojó las tablas del testimonio y las quebró al pie del monte Sinaí. Se abalanzó contra el becerro y lo echó en el fuego. Lo pisoteó hasta convertirlo en polvo, el cual mezcló con agua y lo dio a beber al pueblo. Alzó sus ojos y buscó la mirada de Aarón:

- "¿Qué te ha hecho esta gente para que los hayas conducido a cometer tan grave pecado?" –gritó Moisés. Luego habló a la multitud:

- "Arrepiéntanse ahora de su idolatría y prometan cumplir los mandamientos del Altísimo, porque cualquiera que desobedezca la ley divina morirá".

Así lo hizo el pueblo y Dios perdonó su maldad. Aarón aprendió la lección y nunca más se apartó de la voluntad del Creador. A la diestra de Moisés, siguió guiando a los hebreos hacia la tierra prometida.

La tierra prometida

l pueblo siguió cuidadosamente los planos que Dios había entregado a Moisés y construyó el tabernáculo a las afueras del campamento. Era un templo portátil que podían llevar consigo a lo largo de su viaje. Lo llamaron el Tabernáculo de Reunión, porque allí se congregaban los que buscaban a Dios. Una columna de nube lo cubría de día y otra de fuego por la noche como señal de que la presencia del Altísimo allí reposaba. De este modo, sabían que Dios los acompañaba en medio del desierto.

Desde que la nube cubría el templo, se escogieron guardias para que avisaran al pueblo cuándo ésta se movía. Entonces, no importara la hora que fuera, se recogían las tiendas y la multitud la seguía. Cuando se detenía, todos acampaban. Fue así como Dios mostró a Israel el camino para llegar a Canaán. Pero el tiempo pasaba y los judíos se desanimaban. Estaban cansados de comer maná todo el día y se acordaban de los manjares que servían a sus amos egipcios. Además era difícil conseguir agua dulce en el desierto y pasaban días con sed. No soportaban más este peregrinaje que parecía interminable y volvieron a culpar a Moisés de todas sus desgracias. Dios perdonó de nuevo su incredulidad. Hizo brotar agua de una peña y les dio carne hasta saciarlos. Moisés también estaba cansado, porque no era sencillo guiar a este pueblo de dura cerviz. Le rogaba a Dios que concluyera el éxodo y llegaran a la tierra prometida.

Los hijos de Israel siguieron caminando por el desierto durante semanas hasta que un día cambió el paisaje. Verdes montañas se divisaban en el horizonte y un aire fresco refrescaba el ambiente. Por primera vez en meses, oyeron el cantar de los pájaros y el sonido de corrientes de agua.

La tierra prometida estaba cerca. Entonces Dios le dijo a Moisés:

– "Escoge a doce hombres y envíalos a reconocer a Canaán. Cada uno será príncipe de una de las tribus de Israel".

Al cabo de cuarenta días, los espías volvieron al campamento. Jamás habían visto una tierra tan rica que diera tal abundancia de frutos. Ni cuando José administraba Egipto, había existido semejante prosperidad. Pero había un problema: la tierra prometida estaba habitada por varones de guerra tan altos como gigantes. Además, la población vivía en ciudades muy grandes y fortificadas. Si se enfrentaban a ellos, serían despedazados.

El pueblo se lamentó a voces y se quejó ante Moisés:

– "Ojalá hubiéramos muerto en Egipto o en el desierto. ¿Para qué nos trajiste aquí? ¿Para que nos maten o nos hagan sus esclavos? Mejor devolvámonos a la casa del faraón".

Josué, que era uno de los doce, tomó la palabra y habló a la multitud:

– "No se rebelen contra Dios ni tengan miedo. La tierra que vimos es muy rica y vamos a luchar por ella. Tengamos fe en el Señor. El no nos ha traído hasta aquí para

volver atrás, sino para conquistar la tierra prometida. Seamos valientes, y con la fuerza que Él nos da, venceremos a los gigantes". Pero el pueblo no creyó. Antes bien, querían apedrear a Josué. Entonces Dios se enfureció contra Israel, porque estaba cansado de su incredulidad. Éstas fueron las palabras que le dijo a Moisés:

– "Perdonaré la maldad de Israel, por cuanto me lo has pedido. Pero castigaré su rebeldía. Ni uno de los que salió de Egipto conocerá la tierra prometida. Excepto Josué y Caleb que han creído en mí. De ahora en adelante, darán vueltas por el desierto durante cuarenta años y sólo entonces verán a Canaán".

Volvieron al desierto en dirección del Mar Rojo y estuvieron errantes hasta que se cumplió el tiempo de su castigo. Moisés tenía ya cientoveinte años cuando contempló de nuevo las verdes montañas de Canaán. Todos los que habían huído del faraón habían muerto en el camino y sólo sus hijos estaban con él. Dios mandó a Moisés que subiera al monte Nebo y le dijo:

– "Ésta es la tierra que fluye leche y miel que yo prometí a tus padres. Mírala bien porque, por cuanto no santificaste al pueblo en el desierto sino que todos pecaron contra mí, no entrarás a la tierra prometida. Volverás a este mismo monte y aquí morirás como sucedió con tu hermano Aarón".

Moisés bajó al campamento y escogió a Josué para que lo remplazara. Luego subió de nuevo al monte Nebo, contempló la tierra prometida y murió.

Nunca más existiría un profeta como Moisés. Nadie conocería a Dios cara a cara, ni vería los milagros que el Señor realizó en el desierto, ni hombre alguno tendría tanto poder como él para hacer prodigios. Nadie excepto Jesús, el Hijo de Dios.

El paso del Jordán

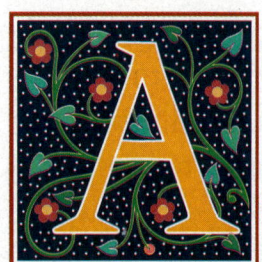 la muerte de Moisés, Josué se puso a la cabeza del pueblo de Israel. Luego de su larga peregrinación por el desierto y de múltiples guerras contra los habitantes de la región, los judíos se encontraron a orillas del río Jordán, frente a la ciudad amurallada de Jericó. Éste era el último obstáculo que aún los separaba de la tierra prometida. Josué hizo acampar a su gente y se retiró a orar. De este modo habló Dios a su servidor:

– "Ya que ha muerto Moisés, pasa tú este Jordán y toma la tierra de Canaán. No temas, porque yo estaré contigo. Obedece la ley que le di a Moisés y medita en ella de día y de noche. Así te seré propicio y vencerás a todos tus enemigos como ha sucedido hasta hoy".

Josué había visto el poder de Dios en el desierto y confiaba plenamente en Él. Por eso, apenas terminó de orar, llegó al campamento y dijo a los suyos:

– "Preparen abundante comida, porque dentro de tres días pasaremos el Jordán y entraremos a la tierra prometida. Las mujeres, los niños y el ganado se quedarán aquí mientras conquistamos a Jericó".

Sin decir nada, porque no quería alborotar a la gente como había ocurrido cuarenta años antes, Josué escogió a dos de sus hombres de confianza y los mandó a reconocer a Jericó. De esta manera, sabrían cómo atacar la ciudad.

Apenas llegaron, los guardias se dieron cuenta de su presencia y los buscaron de casa en casa. Afortunadamente, una mujer llamada Rahab los escondió hasta que estuvieron a salvo. Ella les explicó que los pueblos vecinos estaban aterrorizados de que los hebreos estuvieran cerca, porque sabían que Dios estaba con ellos y que habían derrotado a todos sus enemigos. Sospechaban que habían venido para conquistar a Canaán y que muchos morirían tratando de impedirlo. Sin embargo, no se rendirían.

Los dos espías inspeccionaron las murallas y salieron de Jericó. Cuando volvieron, compartieron a Josué las palabras de Rahab. También le hablaron de los gruesos muros que rodeaban la ciudad. Josué dio gracias a Dios y, al tercer día, los hombres de Israel se alistaron para cruzar el Jordán.

El arca del testimonio y los sacerdotes que la llevaban iban al frente. Se encontraban a la orilla del río cuando Dios declaró a Josué:

- "Haz que tus hombres se detengan ahora. Diles que estén confiados y peleen con mano fuerte, porque les entregaré a los moradores de Jericó y a sus vecinos. El arca pasará el río y los demás la seguirán. Apenas los sacerdotes toquen las aguas con la planta de sus pies, éstas se dividirán. Así como lo hice cuando pasaron el Mar Rojo, hoy tú y tu ejército cruzarán el río en seco y sabrán que yo soy Dios Todopoderoso".

Cuando todos hubieron pasado el Jordán, las aguas se cerraron de nuevo. Según Dios lo había ordenado a Josué, un hombre de cada tribu de Israel sacó una piedra del río. Acamparon en Gilgal, al lado oriental de Jericó, y allí levantaron un altar con las doce piedras. Hasta el día de hoy, éstas recuerdan a los judíos que Dios dividió el Jordán.

La toma de Jericó

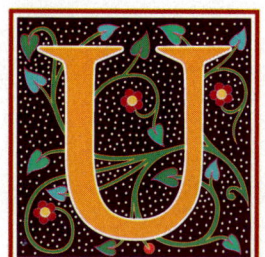

Un gran júbilo invadió el pueblo que se había quedado al otro lado del Jordán cuando los hombres pisaron la tierra prometida. Los varones de Israel también estaban felices, pero pensaban en la inmensa responsabilidad que los esperaba ahora. Levantaron sus tiendas y celebraron la Pascua con pan sin levadura y espigas frescas tostadas. A partir de este día, nunca más llovió maná del cielo porque estaban en Canaán, sino que comieron de lo que daba la tierra. Terminada la Pascua, el Señor habló a Josué:

- "Ésta es mi estrategia para sitiar a Jericó. Cada día, durante seis días seguidos, se reunirán tus hombres de guerra y darán una sola vuelta a la ciudad. Siete sacerdotes llevarán siete bocinas hechas de cuerno de carnero delante del arca y los acompañarán con el sonar de las trompetas. Al séptimo día, darán siete vueltas alrededor de Jericó y los sacerdotes tocarán las bocinas sin parar. Cuando suenen tan fuerte que todos las puedan oír, el pueblo entero gritará con todas sus fuerzas y el muro de la ciudad caerá. Ustedes entrarán y tomarán posesión de ella".

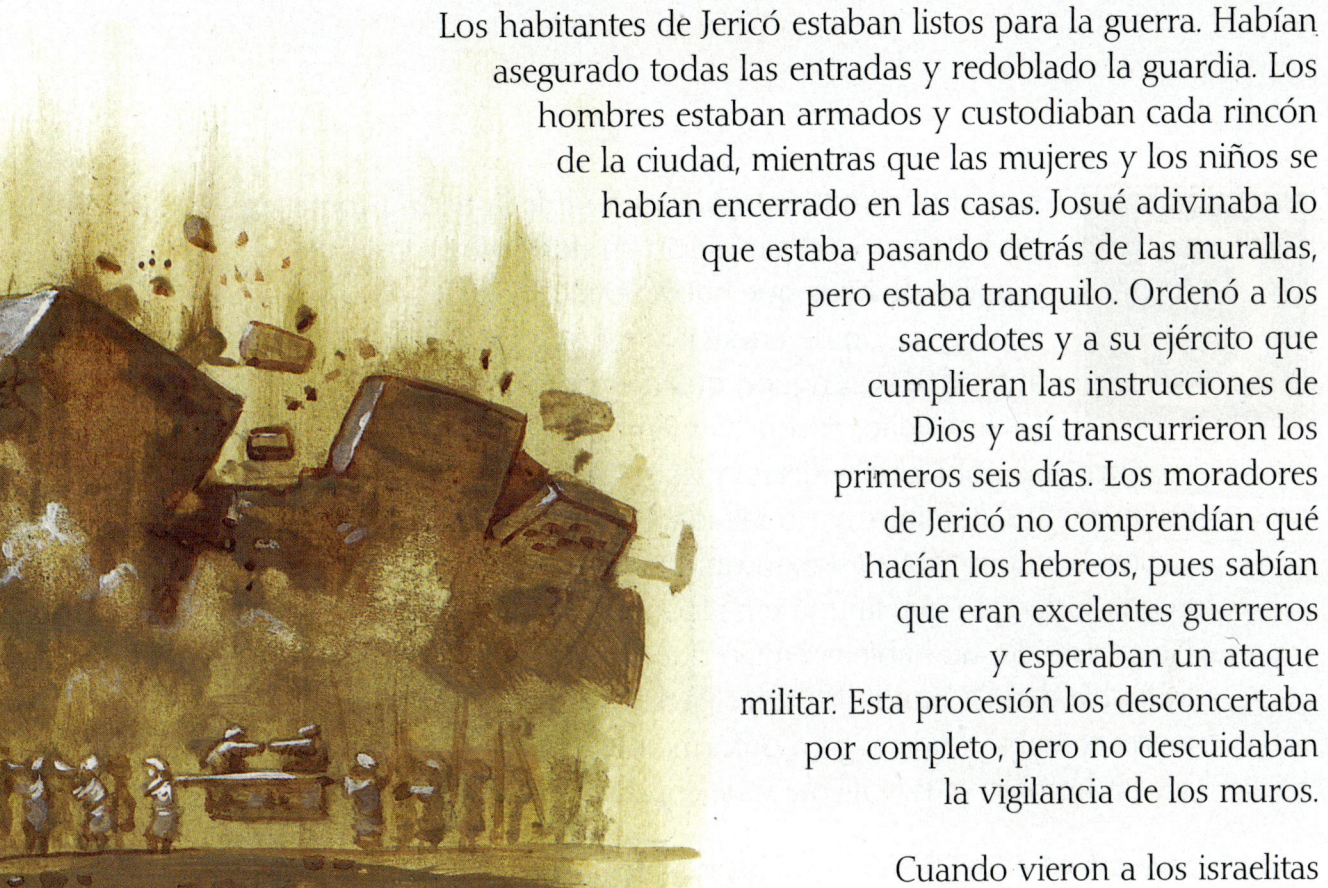

Los habitantes de Jericó estaban listos para la guerra. Habían asegurado todas las entradas y redoblado la guardia. Los hombres estaban armados y custodiaban cada rincón de la ciudad, mientras que las mujeres y los niños se habían encerrado en las casas. Josué adivinaba lo que estaba pasando detrás de las murallas, pero estaba tranquilo. Ordenó a los sacerdotes y a su ejército que cumplieran las instrucciones de Dios y así transcurrieron los primeros seis días. Los moradores de Jericó no comprendían qué hacían los hebreos, pues sabían que eran excelentes guerreros y esperaban un ataque militar. Esta procesión los desconcertaba por completo, pero no descuidaban la vigilancia de los muros.

Cuando vieron a los israelitas salir al séptimo día, pensaron que de nuevo habían pospuesto la ofensiva. Muchos de ellos dejaron sus armas a un lado y abandonaron sus puestos para ver desfilar a los hebreos. Entonces resonaron las bocinas y las enormes murallas se derribaron como si hubieran sido de arena. Los judíos entraron en la ciudad y destruyeron todo lo que encontraron. Aún los animales pasaron por la espada del ejército de Israel. Según se lo habían prometido los dos espías, Rahab y su familia sobrevivieron por haberles librado de la muerte. La ciudad fue declarada maldita y quemada por completo. Jamás se reconstruyó.

Ésta fue la primera victoria de los hebreos en Canaán. Muchas otras seguirían hasta que conquistaron toda la tierra prometida como Dios se lo había anunciado a Abraham.

Gedeón

uando por fin tomaron posesión de la tierra prometida, los israelitas se organizaron en doce tribus, según el número de hijos que había tenido Jacob. Cada una habitó en una región de Canaán y era agrupada bajo la autoridad de un juez, quien era responsable de velar por su seguridad. Porque si bien los hebreos controlaban el territorio, las poblaciones derrotadas se estaban organizando para recuperar sus dominios y no faltaban las agresiones en contra de los judíos. Las doce tribus estaban unidas por un pacto de mutua ayuda y siempre que la una era atacada, las once restantes acudían. De este modo, no había enemigo que pudiera quitarles lo que Dios les había dado. Cuando los doce ejércitos se reunían, un juez de jueces tomaba el liderazgo. Conforme al mandato del Señor, debía ser un hombre muy valiente y de conducta intachable.

Sucedió en aquel tiempo que los hebreos pecaron y Dios permitió que fueran atacados por los madianitas. Éstos eran beduinos, hombres del desierto que se desplazaban en largas caravanas de camellos. Los pueblos de la región los comparaban a langostas, porque arrasaban con lo que encontraban.

Desde hacía siete años, los israelitas sufrían sus constantes saqueos y se habían visto obligados a refugiarse en cuevas, pues temían por sus vidas. Mientras tanto, los madianitas se robaban las cosechas y el ganado. Llegó el momento en que la comida ya no fue suficiente, y los israelitas tuvieron hambre.

Gedeón, el juez de la tribu de Manasés, estaba trillando el trigo para luego esconderlo de los madianitas, cuando el ángel del Señor se le apareció:

– "Gedeón, Dios ha visto que eres esforzado y muy valiente. Por eso te ha escogido para que seas juez de jueces y libres a Israel de los madianitas".

Entonces Gedeón envió mensajeros por todo Canaán y reunió un ejército de treinta mil hombres. Pero Dios le dijo:

– "Tus tropas son demasiado numerosas. Sólo trescientos hombres se enfrentarán a los madianitas, porque no quiero que mi pueblo otorgue la victoria a su fuerza sino a mi poder. Ahora llévalos todos a una fuente de agua y allí escogeré los que irán contigo a la batalla".

Gedeón condujo a su ejército cerca de un estanque. Hacía mucho calor, pues estaban en medio del desierto y los hombres sintieron sed. Entonces, Gedeón oyó la voz de Dios que le decía:

– "Escogerás a los hombres que beban lamiendo el agua como lo hacen los perros. Con éstos vencerás a los madianitas".

Los demás volvieron a sus casas sin entender muy bien lo que había pasado. Lo cierto es que Dios había escogido a los más mansos y obedientes para derrotar a los enemigos de Israel. Esta misma noche, Gedeón despertó a sus trescientos. Entregó a cada cual una trompeta y un cántaro vacío donde ardía una antorcha. Luego, bajaron sigilosamente al campamento de los madianitas a quienes encontraron profundamente dormidos. Entonces Gedeón dio la orden de romper los cántaros y de tocar las trescientas trompetas a la vez. Los madianitas quedaron enceguecidos por las antorchas y empezaron a matarse entre sí. Los demás trataron de huir, pero los israelitas los persiguieron y los mataron uno a uno".

Tal fue la estrategia que usó Dios para librar a su pueblo. Luego de esta victoria, Gedeón veló por la seguridad de Israel. Fueron cuarenta años de paz, durante los cuales los hebreos se fortalecieron y recobraron el total dominio de la tierra prometida.

Sansón

Los hijos de Israel volvieron a desobedecerle a Dios quien, para castigarlos, permitió que los filisteos los dominaran durante cuarenta años, tal como había sucedido con los madianitas en el tiempo de Gedeón. Pero el Señor sabe perdonar la infidelidad de su pueblo y pronto encontraría una manera de librar a los judíos de sus opresores.

Manoa era un hombre recto que agradaba al Altísimo en todo lo que hacía. Se había casado hacía mucho, pero no tenía hijos porque su mujer era estéril. Un día que ella se encontraba en el campo, el ángel de Dios se le apareció y le anunció:

– "No bebas vino ni sidra, ni comas nada inmundo, porque Dios te ha concedido dar a luz. Tendrás un hijo que será bendito desde que nazca hasta el día de su muerte. Le daré mi fuerza y él librará a Israel de los filisteos".

La palabra de Dios se cumplió y la mujer estéril dio a luz a un hermoso niño, al cual llamaron Sansón. Fue creciendo y llegó a ser un hombre de increíble fuerza y de difícil carácter, sobre todo con los filisteos a quienes provocaba a menudo. No le temía a nada, porque Dios lo había hecho invencible. Su fama corría de boca en boca y todos contaban sus hazañas. Para nadie era un misterio que Sansón había despedazado con sus manos a un león o que había cazado sin ayuda alguna a trescientas zorras. Luego, las había atado por la cola y soltado en los campos de trigo de los filisteos, echando a perder toda la cosecha. Era un héroe para los hebreos, pero los enemigos de Israel lo buscaban para matarlo. Recorrieron toda la tierra prometida, revisaron cada casa, pero no lo hallaron. Entonces desataron su furia contra los judíos a quienes despojaron de sus bienes. Cuando Sansón se enteró de lo que estaba sucediendo, salió de la cueva donde se había escondido y se enfrentó a los filisteos. Armado con una mandíbula de asno, mató a mil hombres en una sola tarde. Desde aquel día, fue escogido juez sobre Israel.

Durante veinte años, los hebreos tuvieron paz en su territorio. Pero los filisteos añoraban los tiempos en que dominaban a Canaán y decidieron matar a Sansón. Se enteraron de que estaba en Gaza. Cerraron las puertas de la ciudad para atraparlo, pero Sansón arrancó sus cerrojos y las derrumbó de un solo golpe. Había escapado una vez más. Nadie parecía poder detener al hijo de Manoa. Sin embargo, Sansón tenía una debilidad.

Estaba paseando por el valle de Sorec cuando vio a una hermosa mujer filistea. Se llamaba Dalila y se enamoró pérdidamente de ella. La hizo su esposa confiado en que ella lo amaba. Pero Dalila era una mujer ambiciosa.

Los filisteos la conocían; por eso le propusieron una gran suma de dinero si descubría el secreto de la fuerza de su marido. Después de mucho insistirle, Sansón le reveló lo que a nadie le había contado:

– "Mi fuerza está en mi cabello. Desde que nací, nunca ha sido cortado. Si alguien me rapara la cabeza, llegaría a ser tan débil como los demás".

Sansón se recostó sobre las rodillas de su esposa y, apenas se dio cuenta de que dormía profundamente, Dalila le cortó su abundante cabellera. Cuando se despertó, los filisteos lo apresaron sin dificultad y le sacaron los ojos para vengarse de todas las maldades que les había hecho. Sansón fue atado con pesadas cadenas y encarcelado en Gaza. Pero su cabello empezó a crecer. Los filisteos eran de temperamento alegre y les gustaban las fiestas. Llegó el día de la celebración a Dagón, su Dios, y el rey quiso divertirse. Mandó llamar a Sansón del calabozo para que les sirviera de bufón. ¡Qué entretenido será ver a un ciego bailar!, pensaba el rey.

Entonces, Sansón se asió de las dos columnas sobre las cuales descansaba el templo y las derribó. No quedó piedra sobre piedra. Así murió el hombre más fuerte de todos los tiempos, y con él, los enemigos de Israel.

Rut

En la época en que gobernaban los jueces, vino una hambruna sobre Israel. La situación llegó a tal gravedad que muchos hebreos decidieron dejar sus tierras y viajar en busca de alimento.

Elimelec fue uno de ellos. Con su esposa Noemí y sus dos hijos, emigró a la región de Moab donde murió al poco tiempo. Sus hijos se casaron con Orfa y Rut, dos mujeres de la región. Al cabo de diez años, ellos también murieron dejando a Noemí y a sus nueras totalmente desamparadas. Entonces ellas recogieron lo poco que tenían y se dirigieron hacia Belén, la tierra natal de Noemí, porque habían oído que Dios había bendecido de nuevo la región con abundantes cosechas. Mientras iban de camino, ella pensaba en sus nueras. Eran jóvenes y habían mostrado ser buenas esposas. No tenía sentido de que perdieran su vida al lado de ella. Por eso les dijo:

- "Que cada una se devuelva ahora a la casa de sus padres. Pido a Dios que les recompense haber amado a mis hijos y les conceda encontrar marido".

Pero ellas la estimaban y no querían dejarla sola. Noemí era ya vieja y necesitaba que alguien la cuidara. Ante la insistencia de la anciana, Orfa se despidió y retornó por el camino de Moab. Pero Rut se quedó.

Llegaron a Belén y se instalaron en la casa donde Noemí vivía con su familia antes de la hambruna. Era época de cosecha. Los campos rebosaban de cebada y la mayoría de los hebreos trabajaban en la siega. Rut se levantó temprano y salió a buscar empleo. Se acercó a unos segadores y empezó a recoger las espigas que dejaban caer al suelo. Al llegar la tarde, había reunido una gran cantidad de cebada. Impresionado por su dedicación y esmero, el dueño preguntó a uno de sus criados:

- "¿Quién es el amo de esta joven?"

- "Nadie, mi señor. Es Rut, la moabita que llegó con Noemí. Ella me rogó que la dejara recoger y ha trabajado desde la mañana sin descansar".

Entonces Booz –así se llamaba el dueño de las tierras– se acercó y le dijo:

- "Hija mía, sé que has sido buena con tu suegra. Además he visto que sabes trabajar. Quédate en mis campos. Mira cómo recogen las criadas y síguelas. Cuando tengas sed, ve a las vasijas y bebe. Nadie te molestará".

Rut siguió trabajando en los campos de su amo y cuidaba de Noemí. Estaba pendiente de que nada le faltara y le demostraba a cada momento cuánto la amaba. Con el paso del tiempo, Booz se enamoró de Rut. Era conocida como mujer virtuosa y lucía una fascinante belleza, así que no dudó en casarse con ella. El pueblo entero bendijo a la nueva pareja. Poco después de la boda, Rut dio a luz a un hijo y lo llamaron Obed, quien habría de ser el padre de Isaí. Años más tarde, Isaí se casó y de su esposa nació David, el futuro rey de Israel. Dios había recompensado la bondad de Rut y bendecido para siempre su descendencia.

El nacimiento de Samuel

En la ciudad de Ramá, vivía un hombre llamado Elcana con sus dos mujeres, Ana y Penina. De las dos él amaba más a la primera, pero ella no era feliz porque no podía tener hijos. Elcana era un hombre temeroso de Dios y cada año subía a Silo donde estaba el tabernáculo para ofrecer sacrificios al Altísimo. Penina tenía celos porque su marido prefería a Ana y aprovechaba estos días para burlarse de ella hasta que ésta se retiraba a llorar. Ana amaba a Dios con todas sus fuerzas y Él era su consuelo. Pasaba largas jornadas sin comer hablando con el Señor y rogándole que le diera un hijo.

Un día, decidió subir a Silo y orar en el templo. Derramó su alma delante de Dios y lloró abundantemente. Era tal la intensidad de su súplica que el sacerdote Elí la creyó ebria. Pero ella le dijo:

- "No, señor mío. No he bebido vino. Sólo soy una mujer atribulada que ha venido a hacerle una petición al Dios Todopoderoso de Israel".

- "Ve en paz, mujer, y que el Altísimo te conceda el deseo de tu corazón".

Cuando bajó del monte, el gozo iluminaba el rostro de Ana. Por primera vez en muchos años, volvió a reír. Cuando Penina la vio, se extrañó bastante pero la dio por loca. Tampoco le contó a su esposo, sino que esperó el cumplimiento de su más anhelado deseo. Dios se acordó de ella y no había pasado siquiera un año cuando dio a luz a un niño, al que llamó Samuel, que en hebreo significa "pedido a Dios".

Samuel creció y, tal como Ana se lo había prometido al Señor, lo dedicó al servicio en el templo. A los tres años de edad, subió al monte Silo en compañía de Elcana y fue a vivir con el sacerdote Elí.

Fue instruido en las leyes divinas y aprendió a amar a Dios sobre todas las cosas.

Samuel era ya un muchacho cuando oyó la voz de Dios que lo llamaba:

– "Samuel, levántate. Necesito hablar contigo".

La noche estaba avanzada y el joven profundamente dormido. Así que creyó haber soñado. Se dio la vuelta, pero la voz siguió llamándolo:

– "Samuel, Samuel. Soy yo, tu Dios, despiértate".

El discípulo de Elí se levantó al instante y escuchó unas palabras que para siempre guardaría en su corazón:

– "Los hijos de Elí han pecado delante de mí, por lo cual morirán. Pero tú, Samuel, serás mi sacerdote fiel. Te engrandeceré y el pueblo entero te obedecerá".

Dios no habló en vano y, con el paso del tiempo, todo Israel reconocía en Samuel la sabiduría del Señor. Siempre hizo lo recto ante Dios y los hombres y llegó a ser juez sobre los judíos. Bajo su mandato, los israelitas recuperaron el arca de la Alianza y derrotaron a los filisteos.

Desafortunadamente, los hijos de Samuel no siguieron el camino de su padre y cuando éste envejeció, los hebreos temieron que los pueblos vecinos los invadieran porque Israel era el único país que no tenía rey. A Dios no le gustó la petición de los judíos pero, ante su terquedad, Samuel ungió a Saúl como primer monarca de los hebreos. Con los años, pagarían un muy alto costo por esta equivocada decisión.

David y Goliat

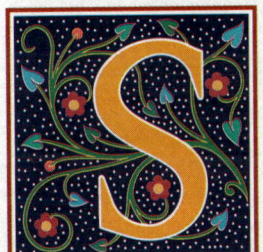
aúl era un buen guerrero y era temido por sus enemigos. Sin embargo, si bien se había hecho popular entre los hebreos, no agradaba a Samuel y menos a Dios. Era impaciente y siempre anteponía su voluntad a las palabras del Señor. Saúl parecía vivir de las apariencias. Los aplausos de su gente le bastaban y no dedicaba tiempo para estar a solas con Dios. Por eso, cuando Samuel se demoró y el ejército amenazó dejarlo solo en tierra enemiga, Saúl tuvo miedo. Como si él mismo fuera sacerdote, levantó un altar y ofreció holocausto para que Dios los bendijera en la batalla que iban a librar. No acostumbraba hacer nada sin esperar algo a cambio, y de este modo obró al hacer el sacrificio de animales aquel día. Samuel llegó cuando el altar aún humeaba y se enfureció contra Saúl:

- "No guardaste el mandamiento divino. A causa de lo que has hecho, tu reinado será corto y ninguno de tus hijos llevará la corona de Israel".

Sin embargo, Dios no lo desamparó y venció a todos los pueblos que se le opusieron. Vivía cómodamente y contaba con el apoyo de los hebreos, pero el no ser aceptado ante el Creador lo llenaba de una profunda tristeza. Había días en que se deprimía tanto que hablaba locuras y parecía fuera de sí. Entonces sus criados mandaban llamar a David.

David era el hijo menor de Isaí. Era rubio, de ojos claros, hermoso, pero de baja estatura y parecía un niño débil al lado de sus hermanos. Por ser el menor, pastoreaba las ovejas de su padre mientras los de su casa acompañaban valientemente a Saúl en los campos de batalla. No obstante, Dios no mira las apariencias sino el corazón. Y más que todos sus hermanos, David amaba al Señor. Era un excelente músico y, entre tanto que el rebaño pacía, cogía su arpa para componer dulces cantos al Creador. Por eso, Dios lo escogió para ser el futuro rey de Israel cuando muriera Saúl. Éste se enteró de que Samuel lo había ungido y que pronto lo remplazaría en el trono. No entendía cómo un niño pudiera ser exaltado de este manera y empezó a sentir celos contra David. Sin embargo, Saúl necesitaba al hijo menor de Isaí. Cuando enloquecía a causa de una rara enfermedad, sólo el arpa de David lo aliviaba. Era como si el mismo Dios la tocara. Pese a los malos modos del monarca, David lo respetaba y le servía incondicionalmente. Por eso, era amado por todos y especialmente por Jonatán, el hijo de Saúl.

En aquella época, la guerra contra los filisteos arreciaba y el ejército del rey de Israel se encontraba en apuros, porque había aparecido un nuevo enemigo: Goliat, uno de los capitanes de los filisteos. Había salido de sus filas y retaba a los soldados de Saúl, mas ninguno lo quería enfrentar porque era un gigante de más de tres metros de altura y armado de pies a cabeza.

- "Saúl, escoge a uno de tus hombres para que luche conmigo. Si es capaz de vencerme, nosotros seremos sus esclavos. Pero si soy más fuerte y venzo, entonces ustedes nos servirán para siempre" - arengó Goliat.

Al ver que nadie se ofrecía para el combate, David -que había venido a traer comida a sus hermanos- pasó al frente y dijo al gigante:

- "¡Quién eres tú, filisteo incircunciso para provocar al ejército del Dios viviente? El Todopoderoso me ha librado de las garras de leones y osos salvajes, y lo mismo hará contigo. Acércate y morirás".

Goliat estaba sorprendido de que un muchacho se atreviera a retarle de este modo y no sabía si burlarse de él o desenfundar su espada. David, por su parte, no dudó. Echó a correr hacia el filisteo y, cuando se hubo acercado lo suficiente, cogió una piedra que llevaba consigo y la lanzó con su honda.

El impacto fue tan fuerte contra la cabeza del gigante que éste cayó en tierra. David se abalanzó contra él y lo atravesó con su espada. Con honda y piedra, había matado a Goliat.

David y Saúl

La victoria de David sobre Goliat lo hizo muy popular entre el pueblo de Israel. Los hombres lo vitoreaban, mientras que las mujeres le componían canciones y bailaban para él por las calles de las principales ciudades. Saúl se acordaba de que Samuel había ungido al pequeño David y que un día sería rey en su lugar. La fama del hijo de Isaí lo atormentaba de día y noche, y sus celos no tardaron en convertirse en odio. Matarlo se había convertido en una obsesión. Entre tanto, David vivía en el palacio, pues se había casado con Mical, la hija de Saúl. Era un destacado soldado del ejército del rey. Era prudente en todo lo que hacía y Dios lo bendecía. Por eso, Saúl tenía miedo de hacerle daño y prefirió mandarlo al frente de las peores batallas procurando que los filisteos lo mataran. Pero David siempre prevalecía sobre sus enemigos, por lo cual su fama crecía.

Los celos del rey se volvieron cada día más fuertes y, finalmente, decidió librarse de su yerno. Una tarde, mientras David le tocaba el arpa, Saúl le arrojó una lanza y casi lo mata. Al ver la humildad del joven, Saúl se arrepentía vez tras vez, pero no podía controlar el odio que sentía. Saber vivo a David lo enloquecía. Por eso, volvió a maquinar su muerte. Una noche, envió a un grupo de soldados para que lo asesinaran mientras dormía. Pero Mical se enteró del complot y logró que huyera por la ventana. Duró varios meses escondido en las montañas de Belén esperando que Saúl se calmara. Pero el rey lo buscaba sin descanso.

Después de algún tiempo, los hombres que se habían unido a David en la huída empezaron a cuestionar su pasividad:

– "Señor, sabemos que eres más fuerte que Saúl. Entonces, ¿qué hacemos aquí escondiéndonos de sus ejércitos? ¿Acaso no somos varones de guerra? Tomemos las armas y hagámosle frente".

Pero David no quería pelear contra su rey. Dios lo había ungido y puesto como autoridad sobre todo Israel. Mientras Saúl viviera, él debía protegerlo. Sin embargo, sus hombres se mostraban cada vez más inquietos.

Si no hallaba una solución, los perdería a todos. De pronto se le ocurrió una idea: le daría una buena lección a Saúl, pero no le haría daño. Luego de orar, se dirigió a sus soldados y les dijo:

– "El rey de Israel está acampando en el desierto de Zif, porque sabe que nos encontramos cerca. Esta noche, alguno de ustedes me acompañará y Saúl sabrá que soy su siervo fiel. Después, todos volveremos en paz a nuestras casas".

Llegada la oscuridad, David y Abisai descendieron de las montañas hasta el campamento de Saúl. La noche era fría y estrellada. Afortunadamente, los guardias dormían y David pudo entrar sin dificultad a la tienda donde descansaba Saúl. Una lanza clavada a su cabecera y una vasija de agua eran los únicos objetos que estaban en su interior. Con la astucia de un cazador, David los cogió y salió. No bien se hubo alejado un poco, subió a un monte cercano y empezó a gritar:

– "Saúl, rey y señor mío, ¿por qué me persigues? ¿Qué mal he hecho? Mira tu lanza en mi mano. Si hubiera querido, hoy te hubiera matado. Pero nunca le haré daño al rey de Israel".

Entonces Saúl lloró ante todos sus hombres y se arrepintió de sus malas acciones. Reconoció que David era el elegido de Dios y que no podía cambiar la voluntad del Altísimo.

El rey David

o había pasado mucho tiempo desde el regreso de David al palacio, cuando los filisteos volvieron a atacar a los israelitas. Saúl y sus tres hijos murieron en la batalla. David lloró y no tuvo consuelo durante semanas, pues amaba a Jonatán y al rey, su padre. El tiempo de luto transcurrió y el que había sido pastor de ovejas fue proclamado rey de Israel.

David tenía escasos treinta años cuando comenzó a reinar, pero sabía gobernar. Nunca cobró más impuestos de lo debido, ni permitió la pobreza entre su pueblo. Antes bien, era justo y misericordioso. Cuando las poblaciones vecinas se enteraron de que Saúl había muerto, muchas intentaron invadir a Israel, pero Dios estaba con su elegido.

Sucesivamente, los filisteos, luego los moabitas, los amalecitas, los sirios y varios más, cayeron bajo la espada de los ejércitos de David. Israel se fortaleció y sus territorios se extendieron por todo el río Éufrates.

Gracias a los botines ganados en la guerra, la plata, el oro y el bronce abundaban en Sión, la ciudad de David. Los hebreos aclamaban a su rey, quien les había dado prosperidad y seguridad.

David, por su parte, prefería la quietud al reconocimiento público. Le gustaba sentarse en la terraza de su casa, coger el arpa y componer salmos a Dios. Eran momentos de intimidad con el Creador durante los cuales le confesaba sus alegrías y temores. David tenía un corazón sencillo y recto. Era sincero y le gustaba hablar con Dios como con un amigo. El Señor conocía sus secretos más recónditos, sus virtudes y también sus pecados. Varias veces tuvo que llorar y arrepentirse por faltas cometidas porque, al igual que todos los seres humanos, no era perfecto. Pero Dios lo amaba porque, pese a sus debilidades, quería hacer la voluntad del Señor.

Para agradar al que lo había sacado de detrás de las ovejas y lo había hecho famoso, David trajo el arca de la Alianza a Jerusalén, la capital de Israel. Con esto, quiso que los hebreos exaltaran a Dios y lo reconocieran como único rey sobre la nación. Entonces, el Altísimo le dijo:

- "He estado contigo en todo lo que has hecho. Yo te he dado un nombre grande y te he librado de todos tus enemigos. Ahora tendrás paz y, cuando mueras, uno de tus hijos te sucederá. El edificará una casa a mi nombre y siempre tendré misericordia con él".

David tuvo muchas mujeres y su casa se llenó de hijos. Uno de ellos, Absalón, se sublevó contra su padre para quitarle el trono e inició una terrible guerra. Los ejércitos de Israel se dividieron. Unos se unieron al rebelde y otros permanecieron fieles al rey. Absalón murió en plena batalla, atravesado por la espada de Joab, uno de los generales de su padre. David lloró amargamente y rompió sus vestidos de tristeza por la muerte de su hijo. Tampoco comió durante días y permaneció largo tiempo sin salir del palacio. Jerusalén se puso de luto y nadie festejó el fin de la rebelión. Más tarde, otro hijo del rey trató de sublevarse, pero no tardó en ser derrotado. Su nombre era Adonías. Después de cuarenta años en el trono, y en cumplimiento a lo que Dios le había dicho, David escogió a su hijo Salomón y lo puso como rey de Israel. Con él, los hebreos vivirían épocas de paz y conocerían la sabiduría divina.

Salomón, el sabio

Salomón amaba a Dios y andaba en los mandamientos que su padre David le había enseñado desde pequeño. Una noche que se encontraba en Gabaón, uno de los montes más altos de su reino donde había ido a ofrecer sacrificio al Altísimo, Éste se le apareció en sueños y le dijo:

– "Pide lo que quieras, hijo mío".

Mientras dormía, Salomón contestó:

– "Señor, te doy gracias por haber sido tan bueno con mi padre. Sé que él fue recto y que lo amabas más que a todos. Por eso permitiste que yo fuera rey después de él. Pero, mira que soy joven y no tengo experiencia. Gobernar a un pueblo tan numeroso como el tuyo es una gran responsabilidad. Dame inteligencia para discernir entre lo bueno y lo malo".

La petición de Salomón agradó a Dios, y le dijo:

– "Por cuanto me pediste inteligencia, te la daré. Tendrás un corazón sabio y entendido, y no habrá jamás otro rey tan sabio como tú. Pero también te daré lo que no me pediste: riquezas y gloria. Y si me obedeces como lo hizo el dulce cantor de Israel, David tu padre, vivirás largos años".

Cuando se despertó, Salomón supo que Dios lo había visitado de noche y bajó en seguida a Jerusalén. Ofreció holocausto y se postró ante el arca del pacto en señal de agradecimiento y obediencia a su Señor.

Salomón vivía en el lujoso palacio que David había edificado en Jerusalén y desde allí administraba justicia. Sucedió un día que dos mujeres se presentaron ante él con un bebé de brazos. El hecho era que ambas vivían bajo el mismo techo y que dieron a luz un niño. Pero uno habeia muerto al tercer día, pues su madre se había acostado sobre él sin darse cuenta y lo habeia ahogado. Ahora las dos alegaban ser la madre del otro bebé.

- "Cuando vio que había ahogado a su hijo, esta mujer fue a donde yo dormía, puso a mi lado al niño muerto y se llevó al mío. Ella me lo robo" -dijo la una.

- "Este niño es mío. Ella me lo quiere quitar" -gritaba la otra.

Ante tan delicada situación y sin poder probar ninguna de las dos versiones, Salomón ordenó a uno de sus soldados que trajera una espada:

- "Divida a ese niño en dos y que cada una se lleve lo que le corresponde".

Cuando la verdadera madre vio que su hijo iba a morir, sup[licó a Salomón que se lo diera a la otra mujer.

Pues prefería que ella se quedara con él a que su bebé muriera. Pero la segunda dijo:

– "Ni a ti ni a mí; ¡pártanlo por la mitad!"

Entonces Salomón supo quién era la madre del pequeño y se lo entregó, porque ninguna mamá permitiría la muerte de su hijo. Todo Israel supo de aquel juicio y admiraba la sabiduría del rey.

Sus proverbios y cantos llegaron a ser muy famosos, y todos los reyes de la Tierra venían a escucharlos. La prosperidad de los hebreos también era conocida por doquier y ningún pueblo se atrevió a atacarlos durante el reinado del hijo de David. Salomón aprovechó este tiempo de paz para edificar un majestuoso templo al Altísimo. Mandó traer las maderas más finas, así como piedras preciosas y metales valiosos. Tardó siete años en erigir sus muros de piedra cubiertos de cedro y botones de flores. Todas las paredes interiores y el piso del templo fueron cubiertos de oro. También eran de oro los muebles y las estatuas. Cuando hubo terminado, guardó allí el arca de la Alianza y dedicó el templo al Señor. De este modo se cumplieron las palabras que Dios había hablado a David.

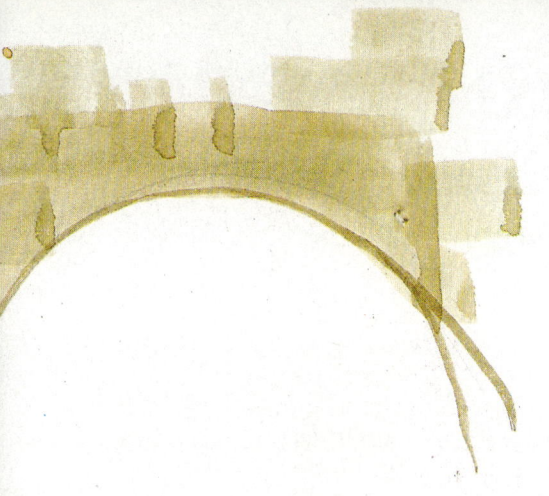

La reina de Saba

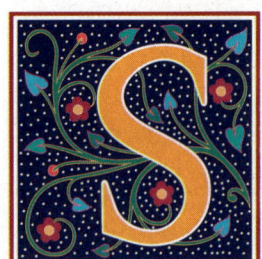alomón hizo de Israel un país esplendoroso. Agrandó Jerusalén, construyó varios palacios, fortificó y embelleció las principales ciudades del reino. Además, desarrolló el comercio con los países vecinos y creó su propia flota en el Mar Rojo para transportar sus mercancías hacia el resto del mundo. En Israel abundaban los cereales de toda clase, el aceite, el cobre y el hierro, recursos que Salomón vendía a cambio de madera y caballos.

La fama del monarca hebreo llegó hasta el sur de Arabia, donde vivía la reina de Saba. Ella había escuchado los rumores de su excepcional sabiduría, y quería probarlo con preguntas difíciles. Por eso viajó casi dos mil kilómetros a espaldas de camello para conocer a Salomón. Con el fin de honrar la grandeza del rey, había traído consigo enormes cantidades de especias, oro puro y piedras preciosas.

Cuando entró por las puertas de Jerusalén, quedó fascinada, pero también un tanto confundida, por la belleza de sus calles y la magnificencia de las edificaciones. Lo que le habían contado era poco frente a lo que sus ojos contemplaban. Ingresó al palacio y se presentó ante el rey. Salomón estaba sentado en su trono y observaba a la reina de Saba. Era joven, hermosa y se veía muy astuta. Respondió a su saludo y esperó a que ella hablara:

– "Me han dicho que no existe sobre la Tierra un hombre tan inteligente como tú. Tengo algunas preguntas que no he podido resolver. Probemos, pues, la sabiduría que dices haber recibido de tu Dios".

Después de largas horas, no hubo pregunta que Salomón no pudiera contestar con entendimiento. Cuando la reina de Saba

confirmó la extraordinaria sabiduría del rey de Israel, comió las delicias de su mesa, vio el bienestar de sus criados y oficiales y asistió a los generosos holocaustos que Salomón ofrecía a Dios, quedó asombrada. Entonces se dirigió al ungido del Altísimo y le dijo:

– "Bendito sea el Dios que te ha dado el preciado don de la sabiduría y ha multiplicado sobre ti tal riqueza y gloria. Bienaventurados sean los que viven en tu casa y aquellos que te sirven, porque tienen un rey recto y justo".

Entonces llamó a sus criados y entregó a Salomón los regalos que le había traído. El monarca se complació en su generosidad y le ofreció a cambio todo lo que ella pidió. Cargada de exquisitos alimentos, vestidos finísimos y otras cosas de inmenso valor, se devolvió la reina hacia Saba y contó a su pueblo lo que había visto.

Desafortunadamente, al final de sus días, Salomón se alejó de la voluntad del Creador: se enamoró de muchas mujeres extranjeras que lo llevaron a adorar ídolos abominables ante Dios. Entonces el Señor se enfureció y anunció que, cuando muriera, sería dividido su reino a causa de los pecados que había cometido. Jeroboam, quien era el jefe de la escolta personal del monarca, sería el futuro rey sobre Israel. A Roboam, el hijo de Salomón, sólo le correspondería gobernar a una de las doce tribus en memoria de David. Pese a su desobediencia, Dios tuvo misericordia con Salomón y murió en paz luego de reinar cuarenta años sobre Israel.

Ester

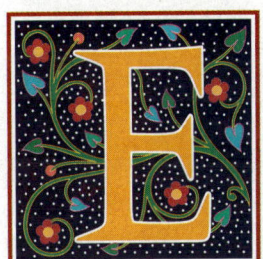

En la ciudad de Susa, capital de Persia, se oían rumores de fiesta. El rey Asuero había organizado un majestuoso banquete y había convidado a todos los habitantes del reino, desde el pobre hasta el rico. Asuero era orgulloso de su inmenso imperio, que comprendía cientoveintisiete provincias desde la India hasta Etiopía y quería que todos sus súbditos vieran su inmensa riqueza y confirmaran su poder. Pero Vasti, la reina, se negó a aparecer ante el pueblo cuestionando así la autoridad del rey, razón por la cual Asuero la desechó y empezó a buscar otra esposa. Se comunicó la noticia a lo largo del imperio, y cada provincia escogió a la joven más hermosa de su región. Todas llegaron a Susa con sus mejores atavíos esperando conquistar el corazón del rey. Mardoqueo, un judío que había sido deportado a Persia por Nabucodonosor el rey de Babilonia, también estaba enterado del concurso. Inmediatamente pensó en Ester, su hija adoptiva, porque era joven y muy hermosa.

Luego de seis meses de preparativos, Ester fue llevada ante el rey junto con las demás vírgenes. Apenas la vio, Asuero quedó enamorado de ella y la puso como reina en lugar de Vasti sin siquiera preguntarle de dónde venía ni cuál era su pueblo. El palacio se llenó de alegría, pues el rey amaba profundamente a su esposa y su buen humor le hacía ser generoso con el pueblo. Por eso, todos apreciaban a Ester. Después de algún tiempo, Mardoqueo se enteró de que se estaba preparando una conspiración para matar al rey. Se lo comunicó a Ester y así salvó la vida del monarca.

Transcurrieron los días y Asuero nombró a Amán como su primer ministro. Pero era un hombre orgulloso y sólo buscaba ser exaltado en lugar del rey.

Asuero lo estimaba y ordenó que todos se arrodillaran y humillaran a su paso. Pero Mardoqueo sólo se postraba ante Dios. Entonces

Amán se enfureció y decidió exterminar a los judíos que vivían en el imperio. Al conocer la noticia, Mardoqueo pidió a Ester que intercediera ante su esposo y ella aceptó. Se vistió con su mejor traje y se arregló con tanto esmero que lucía más hermosa que nunca. Se acercó al rey y le explicó que había preparado un banquete para él y su siervo Amán. En medio de la deliciosa cena, Asuero preguntó a Ester:

– "¿Cuál es tu petición, amada mía? Te daré hasta la mitad del reino si me lo pidieras".

Amán, por su parte, se sentía muy honrado de haber sido invitado por la reina a comer en el palacio y observaba divertido las dulces miradas que Asuero dirigía a su esposa. Entonces Ester contestó al rey:

– "No pretendo tanto, señor mío. Sólo quiero que salves mi vida y la de mi pueblo. Porque los judíos hemos sido vendidos para ser destruidos y pronto moriremos. Ya se han echado las suertes y escogido el día de nuestro fin".

– "¿Quién es, y dónde está, el hombre que se ha creído con mayor autoridad que la mía y ha ordenado que se haga semejante atrocidad?"

– "Este hombre está sentado a tu mesa, mi rey" –dijo Ester.

Asuero miró asombrado a Amán y lo mandó detener inmediatamente. Al día siguiente, murió en la horca que él mismo había mandado construir para colgar a Mardoqueo. Asuero envió mensajeros a todas sus provincias y anuló el decreto dado por Amán. El pueblo hebreo se salvó del exterminio y Mardoqueo fue nombrado hombre de confianza del rey. Desde entonces, en el mes de marzo de cada año, los judíos han celebrado la fiesta de los Purim para recordar el día en que Dios escogió a Ester para cambiar su tristeza en alegría y darles paz con sus enemigos.

Job, el justo

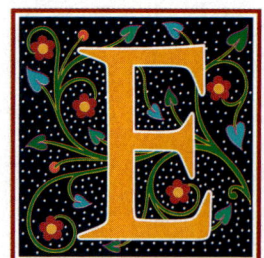

En la tierra de Uz, al este de Palestina, vivía un hombre llamado Job. Era justo, recto y temeroso de Dios. Tal era su conducta que, en la aldea donde habitaba, lo consideraban perfecto. Poseía una inmensa hacienda con muchísimos criados. Sus tierras se extendían por kilómetros y miles de ovejas, camellos, bueyes y asnos pacían por sus verdes prados. En aquella época, Job era el hombre más rico de todo Oriente. Por eso, mucha gente acudía a su puerta cada día. Entonces él les ayudaba y jamás permitió que un pobre se fuera con las manos vacías. Para completar su felicidad, siete hijos y tres hijas alegraban su casa. Entre todos formaban una familia muy unida. Job reconocía el amor de Dios en todo lo que tenía y nunca se jactó de su riqueza. Era humilde de corazón y cuidadoso de hacer siempre la voluntad del Señor. Ofrecía diariamente un holocausto al Altísimo para agradecerle su bondad.

Desde su morada, el Creador se complacía en Job. Lo estaba observando cuando llegó el diablo a visitarlo. Entonces le dijo:

- "Mientras dabas tu habitual vuelta por la Tierra, ¿acaso te fijaste en Job? No hay otro como él. Es un hombre perfecto y recto, temeroso de mi palabra y apartado del mal".

- "Si le quitaras todo lo que tiene, también pecaría. Es más, renegaría de ti" –aseguró el demonio.

Entonces Dios vaciló por un instante y luego respondió:

- "Haz con sus bienes lo que quieras, pero te prohibo tocarlo".

En un solo día, el ganado, los criados y los hijos de Job perecieron bajo la mano asesina del diablo. Cuando Job se enteró de estas calamidades, rompió sus vestidos, rasuró su cabeza y se postró en tierra. Pese a su inmensa tristeza, adoró a Dios y dijo:

- "Yo salí desnudo del vientre de mi madre y asimismo moriré. Dios dio y Dios quitó, sea su nombre bendito".

Al día siguiente, Satán volvió a presentarse ante Dios y éste le reclamó:

- "¿Has visto la integridad de Job? Aunque me incitaste a arruinarlo sin causa, no ha pecado".

- "Deja que la desgracia toque su propia persona y verás cómo blasfema" –contestó airado el diablo.

- "Haz lo que quieras, pero no le quites la vida" –ordenó Dios.

Amaneció y el cuerpo de Job estaba cubierto de sarna desde la planta de sus pies hasta la coronilla de la cabeza. Sentía mucho ardor que trataba de calmar con ceniza pero, pese a las ofensas de su esposa, no maldijo al Señor. Antes bien, le dijo:

- "Hablaste como una mujer necia. Si Dios siempre nos ha dado el bien, ¿acaso no tiene derecho de mandarnos el mal?"

Y Job tampoco pecó esta vez. Una tarde, Elifaz, Bildad y Zofar vinieron a visitar al enfermo. Los tres pensaban que la condición de su amigo era debida a algún pecado oculto, y querían que Job se arrepintiera para reconciliarse con Dios. Según lo que habían aprendido en la ley de Moisés, todo sufrimiento, incluso el de una persona justa como Job, era señal de la ira del Todopoderoso en contra de una falta cometida. Pero no era así en el caso de Job. Cuando Dios comprobó la integridad de su siervo y la rectitud de su corazón, lo sanó de todas sus heridas y duplicó las riquezas que antes tenía. También le dio siete hijos y tres hijas. Luego de ser probado, vivió cientocuarenta años más, durante los cuales el Señor lo bendijo y nunca más conoció miseria ni tristeza.

Isaías anuncia al Mesías

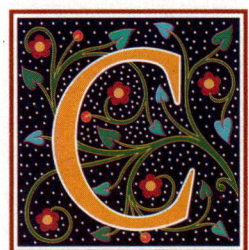omo en los tiempos de Sodoma y Gomorra, los hombres volvieron a apartarse de la voluntad de Dios. Pero, esta vez, la maldad se encontraba en Israel. El pueblo elegido se había olvidado de su Creador y adoraba a ídolos de barro y piedra. Su soberbia no tenía límites y se deleitaban en hacer el mal. Dios es lento para la ira y grande en misericordia. Por eso, levantó a profetas, hombres buenos y obedientes a sus mandamientos, para que llevaran a los pecadores al arrepentimiento. Y así lo hizo con Israel.

Isaías tenía veinticinco años cuando tuvo una visión. El Altísimo estaba sentado en un imponente trono cubierto de oro. A su alrededor, volaban seis serafines que cantaban: "Santo, santo, santo es el Señor. Toda la Tierra está llena de tu gloria". La emoción invadió al muchacho, porque lo que estaba viendo era realmente glorioso. Se humilló en tierra y esperó.

Entonces, un serafín tomó un carbón encendido del altar donde ardía un holocausto y se acercó a él. Tocó sus labios y le dijo:

- "El calor de esta llama te purifica y quita tu culpa. Ahora eres limpio".

En seguida la voz del Todopoderoso preguntó:

- "¿A quién enviaré para hablar con mi pueblo?"

- "Aquí estoy, Señor, envíame a mí" -respondió Isaías.

Desde aquel momento, un nuevo profeta se había levantado sobre Israel, pero los hebreos no querían escuchar. Los asirios invadieron Jerusalén y toda Judea. Pronto, los hebreos se encontraron sin

provisiones ni agua y, sin embargo, no se arrepentían. Isaías les anunciaba mayores castigos si no se reconciliaban con Dios. También les hablaba de su fidelidad a cambio de una nueva actitud. No obstante, se burlaban del Creador y muchos lo negaban. Isaías estaba desconsolado porque amaba a los suyos y no quería que el Señor los destruyera. Como Moisés, soñaba con un libertador. Dios escuchó las súplicas del profeta y le dijo:

– "Anuncia a este pueblo rebelde que, pasado el tiempo del castigo y de la aflicción, nacerá un niño. Y su nombre será el Admirable, Consejero, Dios fuerte, Padre eterno y Príncipe de paz. Será un rey justo y vendrá para perdonar a los pecadores. Lo conocerán como el Mesías y su reino jamás tendrá fin".

El profeta dedicó su vida entera a proclamar las palabras del Altísimo y, cuando finalmente le sorprendió la muerte, no hubo hebreo a quien Isaías no le hubiera anunciado estas buenas nuevas. Pero pocos le creyeron. Sin embargo, siete siglos más tarde, nacería un niño que habría de salvar a la humanidad.

El profeta Jeremías

uego del reinado de Ezequías, Israel entró en un largo periodo de idolatría y corrupción. Los ricos habían acumulado privilegios que oprimían a los pobres; los jueces, sacerdotes y gobernantes aprovechaban su autoridad en beneficio propio. Muchos de los profetas eran falsos y anunciaban lo que les convenía. Entonces, Dios ungió a Josías como nuevo rey de los judíos. Con él vinieron los cambios, y el pueblo se acordó de su Creador.

Ése fue el momento que Dios escogió para llamar a Jeremías.

– "Antes de que nacieras, yo te conocía. Es más, ya te había elegido para que fueras mi profeta" –le anunció el Señor.

Pero, contrariamente a Isaías, Jeremías era tímido e inseguro. Esta misión le daba miedo porque, en aquella época, los profetas morían apedreados en público si sus predicciones no se cumplían. Por eso contestó:

– "¡Ay, Dios mío! ¿Por qué yo? Aún soy un niño y no sé hablar ante la gente".

– "No temas, Jeremías, porque iré contigo" –lo tranquilizó el Señor, al tiempo que extendía su mano para tocar los labios del joven.

– "Ahora mis palabras están en tu boca y te doy poder sobre naciones y reinos. Lo que anuncies acerca de ellos, se cumplirá" –ratificó Dios.

Ayudado por Josías, Jeremías intentó renovar la fe de los judíos y alejarlos del mal. Pero eran inconstantes en sus decisiones y volvían a pecar. De nada servían las advertencias de Dios. Por eso, Jeremías se lamentaba día y noche ante el Señor implorando que Él los cambiara y perdonara. Pero Dios se cansó de hablarles y anunció a su profeta:

- "Di al pueblo que huya o que se esconda en las ciudades fortificadas, porque viene el enemigo y no lo detendré. Judá será invadida y Jerusalén destruida. Se oirán gritos de dolor, pero yo no escucharé".

Jeremías recorrió todo Israel con estas palabras devastadoras, pero lo único que recibió fue odio. En vez de arrepentirse, los hebreos querían matarlo, pues estaban cansados de sus sermones que los hacía sentir culpables. Destruyeron sus viñas, robaron la casa donde vivía, quemaron su tierra hasta dejarla desierta. También le golpearon en varias ocasiones, lo acusaron de desmoralizar al pueblo, de ser espía del enemigo y lo encarcelaron. No obstante, todas sus profecías se cumplieron. Los reyes de Israel se sucedieron, pero ninguno escuchó a Jeremías. Mientras tanto, Nabucodonosor, el rey de Babilonia, destruyó a Jerusalén y mató a la mayoría de sus habitantes. Los sobrevivientes fueron deportados y esclavizados. Sólo Jeremías fue librado de los trabajos forzados y vivió en paz entre sus enemigos, porque Nabucodonosor reconocía que Dios estaba con él y temía hacerle daño. Al final de sus días, el profeta anunció que los judíos serían liberados del cautiverio y que Babilonia recibiría el castigo de Dios por haber esclavizado al pueblo elegido. Poco después de la muerte de Jeremías, la vida de Daniel iba a confirmar estas palabras.

Daniel y Nabucodonosor

Daniel era apenas un muchacho cuando Nabucodonosor sitió a Jerusalén y deportó a sus habitantes a Babilonia. Por ser descendiente del linaje real de David, fue llevado hacia el palacio del invasor. Lo acompañaban otros príncipes de Israel, todos de hermosa apariencia, instruidos en toda ciencia, de sanas costumbres y llenos de sabiduría. Fueron colocados bajo el cuidado del jefe de los eunucos, para que les enseñara el idioma y la cultura de los caldeos. Asimismo, Nabucodonosor dio órdenes estrictas de que se les tratara como a sus propios hijos, porque quería involucrar a los mejores en el gobierno de Babilonia. Por eso, comerían los mismos manjares que él degustaba a su mesa y beberían de su mejor vino. Entre los jóvenes, se encontraban Daniel, Ananías, Misael y Azarías, los cuatro de la tribu de Judá. Eran de lejos los más simpáticos y llamaron inmediatamente la atención del eunuco. Éste les cambió de nombre y los llamó Beltasar, Sadrac, Mesac y Abed-nego, en honor a dioses de Babilonia. Pero los cuatro jóvenes amaban al Dios de Israel y sólo le servían a Él. Por eso, rechazaron los alimentos del rey, pues sabían que según las costumbres de los caldeos, habían sido dedicados a los ídolos y preparados de manera impura. El eunuco se preocupó mucho cuando conoció su determinación, porque Nabucodonosor le había advertido que moriría si cualquier cosa le pasaba a alguno de estos muchachos. Entonces, Daniel le dijo:

- "No nos obligues a contaminarnos. Danos verduras y agua, y verás que nos veremos todavía más sanos y fuertes que nuestros compañeros. Pruébanos durante diez días, y después haz como quieras".

Cumplido el tiempo, Daniel y sus amigos se veían más saludables que los demás y el eunuco consintió en cambiar la comida del rey por verduras y agua. Así transcurrieron tres años, durante los cuales los muchachos aprendieron el idioma de sus enemigos y conocieron ampliamente su cultura.

Pero Dios estaba con Daniel y sus amigos, y ellos sobresalían en inteligencia y conocimiento. Además, el Altísimo dio a Daniel el don de interpretar sueños y visiones. Llegó el día de la presentación de los jóvenes ante Nabucodonosor. El rey interrogó a cada uno acerca de lo que habían aprendido y no encontró a otros tan inteligentes como Daniel, Ananías, Misael y Azarías. Eran aún más sabios que sus propios consejeros y todos los astrólogos del reino juntos. Por eso, recibieron buenos empleos en el palacio.

Hacía dos años que Nabucodonosor era rey de Babilonia cuando tuvo un sueño muy extraño. Pero, al despertarse, lo había olvidado por completo. Entonces llamó a todos los sabios y magos que le servían y les ordenó que le recordaran el sueño. Luego, le explicarían qué significaba. Pero ninguno pudo satisfacer la petición del rey. Nabucodonosor se enfureció y mandó matar a todos los sabios, incluyendo a Daniel y sus amigos. Cuando el joven judío se enteró, pidió ser recibido por el monarca para revelarle el sueño. Dios fue fiel con Daniel y éste declaró a Nabucodonosor:

– "Rey, esto fue lo que soñaste anoche. Veías una imagen de aspecto terrible. La estabas mirando cuando una piedra derrumbó la inmensa estatua. No quedó nada de ella, pero la piedra, en cambio, se convirtió en un gran monte que llenó toda la Tierra. Y ahora te diré lo que esto significa: tú eres rey de reyes, porque el Dios del cielo te ha dado poder y majestad. Vencerás a todos tus enemigos y tu reino será el más fuerte. Pero un día, el Altísimo levantará otro reino que jamás será destruido".

Entonces Nabucodonosor se humilló y reconoció la grandeza del Dios de Daniel.

Daniel en el foso de los leones

uego de interpretar el sueño del rey, Daniel fue nombrado gobernador de Babilonia y jefe de los sabios del reino. Ananías, Misael y Azarías, por su parte, alcanzaron altas posiciones y se destacaron como asistentes de Daniel. Entre los cuatro, administraban el imperio de los caldeos.

Sucedió al cabo de un tiempo que Nabucodonosor tuvo otro sueño. Mientras dormía, vio un árbol que llegaba hasta el cielo. Era tan fuerte que sus raíces rodeaban la Tierra. Sus frutos eran suficientes para alimentar a todos los pueblos y bajo su sombra moraban animales de toda especie. Pero de repente bajaba un vigilante desde lo alto y se le oía gritar:

- "Corten el árbol, destruyan sus frutos y hagan huir a los animales, pero no desentierren sus raíces. Antes bien serán atadas al suelo hasta que pasen siete tiempos. Así todos sabrán que Dios gobierna sobre los hombres".

El rey mandó llamar a Daniel para que le explicara el sueño, porque sabía que la sabiduría de Dios estaba en él. Después de escuchar al rey, el joven hebreo no pudo hablar durante una hora. Finalmente contestó:

- "Tú eres el árbol que viste en el sueño. Como él, te has hecho fuerte y tu poder ha llegado hasta los confines de la Tierra. Pero el Altísimo ha preparado un castigo para ti, por cuanto sacaste a los judíos de su país para esclavizarlos. Perderás la razón y te comportarás como los animales del campo. Luego de siete tiempos, reconocerás que el Altísimo domina a los hombres y da el poder a quien quiere. Entonces tu reino te será devuelto".

Todas estas cosas pasaron hasta que Nabucodonosor se arrepintió de su soberbia y alabó al Dios de Israel. Volvió a reinar sobre

Babilonia y nunca se apartó de los caminos del Altísimo. A su muerte, su hijo Belsasar lo sucedió en el trono. Era un hombre altivo que sólo le preocupaba ser aprobado por los poderosos de su reino. Para lograrlo, prefería adorar ídolos paganos y organizar banquetes que recordar lo que su padre le había enseñado acerca del Dios de los judíos. Ésta fue la razón por la cual Dios permitió que muriera joven y que Darío, el rey de los medos, se apoderara de su imperio.

Darío nombró a cientoveinte hombres para que dirigieran Babilonia y escogió a tres gobernadores como sus jefes inmediatos. Daniel era uno de ellos.

Gracias a la sabiduría que Dios le había dado, el hebreo era más entendido y el rey pensaba convertirlo en su hombre de confianza. Cuando lo supieron, los demás gobernadores y administradores tuvieron celos y maquinaron un plan para matarlo. Propusieron a Darío pregonar un edicto que impidiera al pueblo adorar sus dioses. Cualquiera que lo hiciera, sería echado al foso de los leones. Daniel se enteró, pero no dejó de orar y alabar al Altísimo.

Vinieron los gobernadores y lo acusaron ante el rey. Darío amaba a Daniel y respetaba sus creencias, pero no podía anular el edicto. Con lágrimas en los ojos, le dijo:

- "Que tu Dios te libre, Daniel" -y lo echó al foso de los leones. No comió esta noche, ni durmió. Al amanecer, volvió al foso y llamó con angustia:

- "Daniel, siervo del Altísimo. ¿El Dios al que sirves te ha salvado?"

- "Buenos días, rey. Mi señor ha cerrado la boca de tus leones, porque no he hecho nada malo".

Cuando Daniel salió del foso, no tenía herida en su cuerpo. Había descansado toda la noche abrigado por el pelaje de los leones que aún dormían. Entonces Darío se alegró y mandó traer a los gobernadores. Apenas cayeron en el foso, los leones se despertaron y los devoraron.

Daniel accedió al puesto de primer ministro y el Dios de Israel fue alabado en toda Babilonia.

Jonás y el gran pez

erca del puerto de Jope, a unos cincuenta kilómetros de Jerusalén, vivía un profeta llamado Jonás. Se encontraba durmiendo cuando Dios lo despertó:

– "Jonás, vé a Nínive y dí a sus habitantes que arrasaré la ciudad, y que todos morirán a causa de su maldad".

Pero Jonás sabía que, después de todo, el Señor los perdonaría.

– "¿Para qué he de ir a Nínive y perder el tiempo? Además, si lo que profetizo no se cumple, quedaré mal ante toda esta gente" –pensó.

Se levantó en seguida y se dirigió al puerto donde tomó un barco hacia Tarsis. Era mejor huir de la presencia de Dios que quedar en ridículo. Pero el Altísimo quería enseñarle una lección. Por eso, cuando la embarcación estuvo en alta mar, hizo que se levantara una fuerte tempestad. Las olas chocaban peligrosamente contra la nave y entraban grandes cantidades de agua. No faltaba mucho para que todos se ahogaran. Mientras tanto, Jonás dormía plácidamente en la bodega.

– "Alguien ha enojado a los dioses. Echemos suertes y sepamos quién es el responsable de que muramos devorados por este mar enfurecido. Llamen al dormilón" –propuso el capitán.

Y la suerte cayó sobre Jonás porque Dios quiso que fuera descubierto.

– "¿Quién eres? Confiesa el mal que hiciste y tal vez los dioses se apiaden de nosotros" –dijo uno de los marineros.

- "Me llamo Jonás, hijo de Amitai. Soy hebreo y profeta del Dios de Israel. Desobedecí a su llamado y Él mandó esta tempestad".

- "¿Qué haremos contigo? Si te quedas, nos ahogaremos".

- "Tírenme al mar y las aguas se calmarán" –propuso el pobre Jonás.

Así lo hicieron y las olas disminuyeron. El Sol resplandeció y un hermoso cielo azul llenó el horizonte. El barco se fue rápidamente y Jonás se quedó solo flotando en el mar. Entonces un gran pez se acercó y lo tragó. Cuando el profeta volvió en sí, una profunda oscuridad lo rodeaba. Pensó que era la misma muerte, pero pronto se dio cuenta de que estaba en el vientre de un enorme animal marino. Allí permaneció durante tres días y tres noches hasta que se arrepintió y oró al Señor.

- "Dios, perdóname. Tú eres mi salvador".

El Todopoderoso tuvo misericordia y mandó al pez que vomitara a Jonás.

Llegado a tierra seca, el profeta se fue a Nínive y profetizó sobre la ciudad. Al oírlo, el rey creyó en el poder del Altísimo y promulgó un edicto para que el pueblo se arrepintiera de sus pecados. Todos obedecieron de corazón y ayunaron en señal de conversión. El Señor vio su sinceridad y no destruyó a Nínive. Entonces Jonás se enfureció:

- "¡Yo lo sabía! ¡Quedé como un mentiroso y a estos hombres sanguinarios, enemigos de Israel, no les pasó nada!"

Mientras se calmaba, Jonás se acostó a la sombra de una calabacera para protegerse del Sol. Pero Dios hizo que se secara y que el profeta se quemara. Jonás lloró por la planta y deseó la muerte. El Señor le dijo:

- "Lloras por una calabacera que ni siquiera viste crecer. ¿Acaso no tendré compasión de Nínive donde viven miles de personas que formé con mis propias manos?"

Por primera vez, Jonás entendió que Dios ama tanto a los judíos como a los que no lo son. Volvió a su tierra con un nuevo mensaje: el del amor al prójimo, cualquiera sea su raza y condición.

NUEVO TESTAMENTO

El nacimiento de Jesús

n día, hace ya casi 2000 años, el ángel Gabriel fue enviado por Dios a una ciudad de Galilea llamada Nazaret. Sobrevoló las higueras que bordeaban las casas y se detuvo ante una de las viviendas más humildes. Allí vivía María, una joven que se había comprometido en matrimonio con José, el carpintero de la aldea.

- "Bendita seas entre las mujeres. No tengas miedo por mi visita, porque has hallado gracia ante el Altísimo. Él te manda decir que pronto tendrás un hijo y que lo llamarás Jesús. Será el Hijo de Dios, el Salvador del mundo" –anunció el ángel.

María sabía que el que le hablaba era un mensajero de Dios y que sus palabras eran verdad. Sin embargo, no comprendía cómo podía ella ser madre si ni siquiera se había casado. Y así se lo hizo saber a Gabriel.

- "El Espíritu Santo vendrá sobre ti y el poder del Altísimo te cubrirá, para que sepas que el padre de tu hijo es el mismo Dios" –la tranquilizó.

María sintió una profunda paz interior y aceptó la voluntad del Señor. Viajó tres meses a la casa de su prima Elisabeth que pronto daría a luz a Juan el Bautista. A su regreso, le contó a José la extraordinaria noticia: ella, María, estaba embarazada de Dios e iba a tener un hijo. Él la amaba entrañablemente, pero le era difícil creer semejantes palabras. Se fue confundido, se encerró en su casa y se acostó para meditar. Se había quedado dormido cuando un ángel se le apareció en sueños y le dijo:

- "No temas recibir a María por mujer. El hijo que está esperando fue engendrado por el Espíritu Santo".

José se casó con María y, pasados seis meses, su esposa empezó a sentir las primeras señas del alumbramiento. Pese a los dolores, la pareja tuvo que viajar a Belén porque José pertenecía al linaje de David y allí debía ser censado, como lo ordenaba el edicto recién proclamado por el emperador Augusto. Cuando llegaron, María estaba muy cansada y sentía que pronto iba a dar a luz. Buscaron un lugar donde pasar la noche, pero todos los albergues estaban llenos a causa del censo. Ya estaban pensando en dormir en la calle, cuando vieron un pequeño establo. Allí nació Jesús, entre mulas y bueyes. María lo envolvió en pañales y José le acomodó una cuna en un pesebre que yacía entre la paja. Afuera, la estrella de David resplandecía en el firmamento como nunca antes para anunciar al mundo el acontecimiento más maravilloso de todos los tiempos: el nacimiento del Hijo de Dios.

Desde algún lugar del Oriente, unos magos se detuvieron a observar el brillo de la estrella y entendieron su mensaje. Reunieron oro, incienso y mirra y se pusieron en marcha hacia Belén para honrar al Rey de reyes. Entre tanto, unos pastores habían llegado al establo porque unos ángeles les habían dicho que Cristo el Señor acababa de nacer. Cuando llegaron, los magos oyeron voces que cantaban:

"¡Gloria a Dios en las alturas,

Y en la Tierra paz, buena voluntad

para con los hombres!"

Entraron y ellos también se pusieron a adorar a Jesús.

La venganza de Herodes

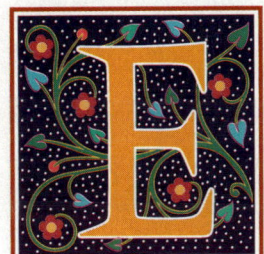
En la época en que nació Jesús, Israel vivía bajo el dominio de Roma que, gracias a su inmenso poderío militar, había invadido a gran parte de Europa y del Medio Oriente. Los romanos creían en muchos dioses y el César, es decir su emperador, era considerado uno de ellos. Por lo tanto, las naciones conquistadas debían adorarlo y rendirle tributo. Herodes era el rey de Palestina en los tiempos de César Augusto y no olvidaba sus obligaciones con el emperador. Aunque él mismo era judío, imponía pesados impuestos a la población hebrea para llenar las arcas enemigas y así asegurar su trono. Por eso, cuando los magos le dijeron que había nacido el Rey de los judíos, temió una rebelión de su gente y se asustó.

- "¿Dónde está este rey?" –preguntó intrigado a los magos.

- "En Belén de Judea, como lo indica la estrella de David" –contestaron.

- "Vayan y encuéntrenlo. Vuelvan aquí después y muéstrenme el lugar donde se encuentra. Yo también iré a adorarlo" –fingió

Los magos visitaron a Jesús y, apenas entrada la noche, se acostaron para devolverse a la madrugada hacia Palestina donde Herodes los esperaba ansiosamente. Entonces un ángel se les apareció en sueños y les dijo:

- "No regresen al palacio de Herodes. Si encuentra al niño, lo matará. Huyan a su país de origen porque, cuando se entere de su traición, estarán en peligro de muerte".

Luego de hablarles, el ángel despertó a José.

- "Levántate. Herodes busca a Jesús para matarlo. Tómalo y, con su madre, huyan a Egipto. Allí permanecerán hasta que yo les diga que pueden volver".

José obedeció y se fueron a vivir a Egipto. Herodes, mientras tanto, se enojó muchísimo cuando no vio regresar a los magos y mandó matar a todos los niños varones menores de dos años que había en Belén y Judea. El propio rey de Palestina había asesinado los renuevos de su pueblo.

Apenas falleció Herodes, el ángel volvió a visitar a José y le anunció:

– "Los que procuraban el mal del niño han muerto. Regresen a Israel".

Empacaron apresuradamente sus pocas pertenencias y se marcharon en dirección de Nazaret, la tierra natal de José y María donde Jesús pasaría toda su infancia.

Jesús en el templo

De vuelta a Nazaret, José y su familia escogieron una pequeña casa donde vivir. Allí, María se dedicaba a las labores hogareñas y su esposo trabajaba en su taller de carpintería. Jesús, mientras tanto, disfrutaba de la inocencia de la niñez. Como todo niño hebreo, recibió las enseñanzas de la Ley de Moisés y, cuando cumplió los doce años, pudo acompañar a sus padres al templo de Jerusalén para la celebración anual de la Pascua. Éste era un gran día para Jesús, pues comenzaba a participar en la vida espiritual de los suyos. Ahora era considerado casi un hombre y podía opinar en las conversaciones de los mayores.

Apenas divisó el templo, supo que era la casa de Dios. Su corazón brincó de emoción y tuvo ganas de correr. Pero mucha gente se alineaba ante las puertas de la ciudad santa y, como los demás, Jesús y sus padres debieron esperar. José y María estaban muy emocionados de ver a su hijo con tanto entusiasmo y se acordaron de cuán especial era él para su padre Dios. Lo habían criado como a cualquier otro niño, pero su sabiduría y gracia lo distinguían entre miles. El templo estaba en el centro de Jerusalén. Con motivo de la Pascua, mucha gente se hallaba orando o quemando incienso. En la calle, había rumores de fiesta, pues se celebraba la liberación de los judíos de Egipto. Después de orar en el templo, José y María salieron a participar de las festividades y no se dieron cuenta de que Jesús se había quedado en la casa de Dios. Cuando finalizó la Pascua, todos los judíos se devolvieron hacia su lugar de origen formando una larga caravana. Muchos amigos y familiares se encontraban entre la multitud, así que José y María pensaron que su hijo estaba con unos de ellos. Terminó el primer día de camino y todas las familias se reunieron para comer. Pero Jesús no aparecía. Angustiado, José exclamó:

- "María, devolvámonos a Jerusalén. El niño debe estar en el templo cerca de la presencia de su Padre".

Cuando entraron, Jesús estaba sentado entre los sacerdotes y los hombres más sabios de todo Israel. Tenía los rollos de la Ley en sus manos y hablaba animadamente. Era tal la sabiduría del niño que éstos le escuchaban maravillados y le pedían que resolviera sus inquietudes. El pequeño contestaba las preguntas con extraordinaria facilidad demostrando una inteligencia fuera de lo común.

María se enojó terriblemente al ver a su hijo tan tranquilo y lo regañó:

- "¿Por qué nos has hecho esto? ¡Casi nos volvemos locos buscándote!"

- "Mamá, ¿por qué me buscaban? ¿Acaso no sabían que debo atender los asuntos de mi Padre?" –contestó el niño con ternura.

María no entendió muy bien lo que había querido decir, pero se dejó conmover por su dulzura habitual. Los tres regresaron a Nazaret, y Jesús no volvió a desobedecerle a sus padres.

Juan el Bautista

En Hebrón, la ciudad donde habitaban los sacerdotes de Israel, vivía una pareja muy piadosa. Se habían casado tiempo atrás y ya eran viejos. Sin embargo, aún no tenían hijos porque Elisabeth era estéril. Pese a esto, confiaban en la misericordia de Dios y le adoraban de todo corazón. Una tarde que Zacarías estaba quemando incienso en el templo de Jerusalén, el ángel Gabriel se le apareció y le dio una hermosa noticia:

– "Zacarías, tu oración ha sido escuchada porque eres justo y obediente a Dios. Este año, tu esposa te dará un hijo y lo llamarán Juan. Como Samuel, será dedicado al Altísimo desde que nazca hasta que muera. Será lleno del Espíritu Santo y preparará el camino para el Salvador".

Cuando Juan nació, la ciudad entera se alegró y alabó a Dios por haberse acordado de su sierva Elisabeth. El niño creció y todos lo admiraban por su fuerza e inteligencia. Presagiaban que Dios iba a hacer algo muy grande con él, pues llevaba la gracia de los elegidos. Juan, por su parte, ya estaba enterado de su misión porque, desde cuando era pequeño, Zacarías le estaba explicando las palabras del ángel:

– "Dios te ha escogido para que anuncies la venida del Salvador, el Hijo de Dios. Di a todo el mundo que se arrepientan de sus pecados, porque el Mesías está cerca y necesita corazones dispuestos".

Juan recibió el llamado divino con humildad y decidió retirarse al desierto para pedir guía y poder a su Señor. Tenía un poco más de veinte años cuando se alejó de los hombres. Escondido en la soledad de una cueva, meditaba día y noche en cómo cumplir su misión. Se alimentaba de miel silvestre y de insectos que recogía entre las piedras. Unas pieles de camello atadas a su cintura por un cordón de cuero eran su único abrigo.

Pasaron más de diez años, y la gente estaba convencida de que se había vuelto loco. Pero a él no le importaban estos comentarios y sólo cuando sintió que había llegado su hora, empezó a predicar la venida del Señor. Multitudes venían de todas partes para escucharlo y a muchos bautizó en el río Jordán después de que hubieran confesado sus pecados. Era tal su poder que la gente pensaba que él era el Mesías. Pero Juan les advertía:

- "Ni se les ocurra compararme con Él, porque Él es mucho más poderoso que yo. En verdad, ni siquiera soy digno de llevar sus sandalias. Yo los bautizo en agua para que sean purificados de sus pecados. Pero Él lo hará en Espíritu Santo y fuego para salvar su alma" –gritaba.

Jesús también había crecido, pues sólo era seis meses menor que Juan, y se dirigió al Jordán para ser bautizado. Cuando lo vio, Juan supo que era el Salvador. Se conmovió profundamente porque hacía años que esperaba este instante. Sin embargo, no entendió por qué venía a ser bautizado si era limpio de todo pecado.

- "Para que las Escrituras se cumplan" –le explicó el Señor.

Entonces Juan lo sumergió bajo las aguas del Jordán y lo bautizó. Cuando se levantó, una paloma sobrevolaba la cabeza del Hijo de Dios: era el Espíritu Santo. Los cielos se abrieron y una voz resonó desde las alturas:

- "Éste es mi Hijo amado, en quien me complazco".

La multitud se maravilló y creyó en Jesús. Después de este día, Juan siguió predicando para que otros se arrepintieran. No le tenía miedo a los hombres, aunque sabía que muchos deseaban su muerte. Uno de ellos era Herodes, el rey de Palestina, porque Juan lo había llamado pecador ante sus súbditos. Por eso lo mandó arrestar e hizo que lo decapitaran en la plaza pública. Juan murió como había vivido: predicando la venida del Mesías y el arrepentimiento de los pecados. Gracias a sus sermones, el mundo sabía que el Hijo de Dios había llegado con sus buenas nuevas de salvación.

Jesús es tentado en el desierto

Después de que Jesús fuera bautizado, el Espíritu Santo lo guió hacia el desierto. Allí, el Señor habló con su Padre para conocer cuál era su voluntad. Ayunó y meditó en lo que le había dicho y, luego de cuarenta días y cuarenta noches, se sintió débil a causa del hambre. Entonces vino el demonio para tentarlo y hacerlo pecar, porque sabía que Jesús había venido a la Tierra como hombre. Por lo tanto, al igual que todo ser humano, tenía flaquezas.

- "Si eres el Hijo de Dios, convierte estas piedras en pan y come" -le propuso maliciosamente.

- "No sólo de pan vivirá el hombre, sino de toda palabra que sale de la boca de Dios" -contestó el señor con firmeza.

Esta respuesta no agradó al diablo, pero no estaba dispuesto a rendirse tan fácilmente. Por eso llevó a Jesús hasta Jerusalén y lo puso sobre el pináculo del templo. Él mismo se acomodó a su lado y le dijo:

- "Si eres el Hijo de Dios, atrévete a tirarte al vacío. Al instante acudirán los ángeles de tu Padre y te salvarán".

- "No tientes al Señor tu Dios, porque así está escrito" -declaró Jesús.

Satán estaba realmente enojado porque no había podido hacer pecar al Señor. Ésta era su oportunidad y no debía desaprovecharla. Si no era capaz de tentarlo ahora que había venido como hombre, mucho menos lo lograría cuando subiría de nuevo al cielo para sentarse a la diestra del Padre.

Pensó en los más terribles pecados para tentar a Jesús. Entonces se acordó de una frase de las Escrituras: "El amor al dinero es la raíz de todos los males". Ningún hombre puede resistir la tentación de las

riquezas. Esta vez, el Hijo de Dios caería y él, Satán, dominaría sobre la Tierra. Llamó a Jesús y lo condujo hasta la cima de un monte muy alto. Desde allí se veían todos los reinos del mundo.

- "Mira bien lo que hay abajo: oro, plata, diamantes, dinero, poder, fama, éxito y toda la abundancia que puedas imaginar. Todo será tuyo si te arrodillas delante de mí, y me adoras" - gritó fuera de sí el demonio.

- "¡Apártate de mí, Satán! Porque también está escrito: al Señor tu Dios adorarás y sólo a Él servirás" - enfatizó Jesús con autoridad.

La integridad del Hijo de Dios no pudo ser quebrantada. Vencido, el diablo huyó de su presencia. Entonces descendieron ángeles del cielo para adorar al Señor, quien había resistido en carne todas las tentaciones del maligno.

Jesús llama a los apóstoles

esús estaba físicamente agotado cuando salió del desierto. Sin embargo, su espíritu se había fortalecido al comprobar que el diablo podía ser vencido. El poder del Altísimo era mayor que todas las fuerzas del mal reunidas. Después de un corto descanso, Jesús empezó a recorrer Galilea predicando esta gran verdad.

- "Arrepiéntanse, porque el Reino de Dios se ha acercado" –decía a todos los que encontraba en el camino. La gente sabía que un día llegaría el Mesías y que les anunciaría la venida de un reino celestial. Pero la Ley de Moisés se refería a un rey y no a un vagabundo delirando por las sendas empolvadas de Israel, pensaban los judíos que lo oían. Pese a lo que escuchaba, Jesús amaba la sencillez. No necesitaba carruajes ni súbditos. Una simple túnica y cómodas sandalias eran suficientes, porque no había venido para ser adorado, sino para servir a los humildes de corazón. Éstos se darían cuenta de que Él era el Salvador anunciado en las Escrituras y creerían en sus palabras. Por su fe serían salvos, mientras que otros se quedarían esperando durante siglos a un Mesías que ya había llegado.

El Señor estaba caminando junto al mar de Galilea cuando vio a dos pescadores echar sus redes al agua. Era Simón, al que Jesús bautizaría Pedro, y su hermano Andrés. Los llamó desde lejos y les dijo:

- "Vengan conmigo, y yo los haré pescadores de hombres".

Ambos dejaron sus redes y siguieron a Jesús. No se preocuparon por llevar equipaje ni provisiones, porque sabían que no les faltaría nada al estar con el Hijo de Dios. No preguntaron siquiera adónde iban, pues desde el primer momento habían entregado su vida al Señor y estaban dispuestos a hacer todo lo que Él dijera. Él era el Maestro y ellos sus discípulos.

Los tres siguieron caminando a la orilla del mar y pronto vieron a dos hombres remendando sus redes. Se llamaban Jacobo y Juan. Jesús los llamó y también quisieron seguirle. Después vio a Felipe. Éste reconoció al Señor inmediatamente y fue a buscar a Natanael.

- "¡Natanael, ven rápido! Hemos encontrado al Mesías. Es Jesús, el hijo de José, el que vive en Nazaret. Vámonos con Él".

- "¿Jesús de Nazaret? No creo que pueda salir nada bueno de allá. Mucho menos el Salvador" –contestó Natanael.

- "Pues, ven y mira".

Apenas se hubo acercado, Jesús le dijo:

- "He aquí a un israelita de verdad. ¿No es así, Natanael?"

- "¿Cómo lo sabes? No recuerdo conocerte".

- "Te vi descansar debajo de la higuera antes de que Felipe te fuera a buscar" –dijo Jesús sonriendo.

La higuera quedaba escondida detrás de la casa y era imposible que Jesús la hubiera visto. Entonces Natanael supo que estaba hablando con el Hijo de Dios y también le siguió.

Con ellos cuatro, el Señor recorrió Galilea y predicó en todas las sinagogas que encontró. Allí sanó a muchos enfermos y endemoniados. Creció su fama y, desde Jerusalén hasta Siria, miles de personas viajaban hacia Galilea para ver sus milagros.

Un día que una multitud se había congregado cerca del mar para escucharlo, Jesús subió a un monte. Desde allí, escogió a los hombres que quiso y así completó a los doce, quienes son: Pedro, Andrés, Jacobo, Juan, Felipe, Bartolomé, Mateo, Tomás, Santiago, Tadeo, Simón y Judás. Les dio autoridad para predicar, sanar a enfermos y dar libertad a los endemoniados. Con ellos, anunciaría el Reino de su Padre hasta el día de la crucifixión.

Las bodas de Caná

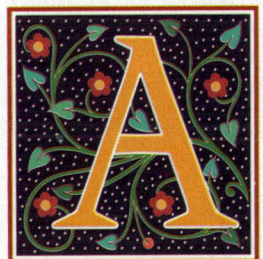
Al tercer día de haber llamado a sus apóstoles, Jesús se dirigió hacia Caná, una pequeña ciudad de Galilea. Reinaba un ambiente de fiesta por sus angostas calles, pues un importante acontecimiento se avecinaba. La hija de uno de los habitantes más adinerados de la aldea se casaba. Para la ocasión, muchos habían sido invitados. María, la madre del Señor, era una de las convidadas. Jesús y sus discípulos también participarían de las celebraciones.

Llegó el día de la boda. Jamás se había visto una fiesta tan lujosa en aquella ciudad. La novia lucía preciosa y la casa resplandecía. Las vajillas de oro y plata adornaban largas mesas cubiertas con manteles bordados a mano sobre los cuales reposaban los más exquisitos manjares. Tres días transcurrieron entre cantos, bailes y cenas inolvidables. El padre de la novia se sentía muy orgulloso de haber organizado semejante boda para su hija y escuchaba con placer la algarabía de sus numerosos invitados. Todo iba bien hasta que el jefe de los meseros se acercó y le dijo:

- "Señor, el vino se acabó. ¿Qué debemos hacer? Aún faltan cuatro días para que termine la boda".

María se encontraba cerca y vio la preocupación del padre. Fue rápidamente donde estaba Jesús y le comentó:

- "Hijo, se acabó el vino. Tal vez puedas hacer algo ..."

- "Mamá, todavía no ha llegado el momento de mostrar mi poder" –contestó.

Sin embargo, María reunió a los meseros y les dijo:

- "Hagan todo lo que Él les ordene".

Viendo la determinación de su madre y la desesperación del anfitrión, Jesús resolvió ayudar. Mandó traer seis tinajas de piedra que había visto a la entrada de la casa y pidió que fueran llenas de agua. Los meseros obedecieron, aunque la ley judía ordenaba que sólo se utilizara el agua de estos cántaros para purificar a los visitantes de sus pecados. Además, no entendían cómo el agua podría remplazar el vino.

- "Ahora llenen una copa y llévensela al maestro de ceremonia" - ordenó Jesús.

El vino era aún más delicioso que el que habían servido hasta ahora.

Sorprendido porque no sabía de dónde provenía, el jefe de meseros llamó al novio y le comentó:

- "Señor, nunca había probado un vino de esta calidad. Tiene un aroma delicadísimo y su sabor es incomparable. Tus invitados ya han bebido mucho, pero reservaste lo mejor para el final".

El novio no supo qué contestar, porque ignoraba de dónde habían traído este vino. Sólo María, los meseros y los discípulos sabían que Jesús había hecho este milagro. El agua se había convertido en vino. Pero esto no era sino el principio. Después de este día, el Hijo de Dios realizaría muchas otras cosas maravillosas para mostrar al mundo que Él era el Salvador.

La samaritana

esús llevaba un tiempo predicando en Judea cuando oyó rumorar entre la gente que los fariseos se quejaban de que tuviera aún más discípulos que Juan el Bautista. Entonces decidió devolverse a Galilea para hablar con ellos. La idea de atravesar la región de Samaria no agradaba mucho a los discípulos, pero Jesús no hacía caso de estas pequeñas rencillas. Era cierto que los samaritanos no eran de pura raza judía y que adoraban a los dioses asirios, pero Él había venido a salvar a todos los hombres que creyeran en su mensaje de redención. Por eso, cuando vio un pozo donde tomar agua fresca, mandó que se detuvieran. Todos estaban cansados porque el viaje había sido largo. Además, ya anochecía. Los apóstoles se fueron a comprar comida, pero el Señor se quedó sentado al lado del pozo.

Estaba mirando las estrellas nacientes cuando una mujer se acercó para sacar agua. Entonces le dijo:

- "Por favor, dame de beber".

- "¿Cómo es posible que, siendo tú judío, me pidas de beber? ¿No sabes que soy samaritana y que nosotros no nos tratamos con ustedes?" -preguntó ella extrañada.

- "Si supieras quién soy, tú me pedirías de beber a mí y yo te daría agua viva".

- "¿Acaso eres más importante que nuestro padre Jacob que nos dio este pozo? ¿Dónde tienes el agua viva de la que hablas?" -inquirió la mujer.

- "Cualquiera que tome el agua de este pozo volverá a tener sed. Pero el que pruebe de la que yo le dé, será saciado para siempre. Tendrá una fuente de vida eterna que brote dentro de sí" -explicó Jesús mientras bebía el agua que la samaritana le acababa de ofrecer.

La mujer no comprendía el alcance de las palabras de Jesús, pero la posibilidad de nunca más tener sed le interesaba. De este modo, no tendría que volver al pozo para sacar agua. Por eso le dijo:

- "Señor, dame esa agua".

Jesús sabía que ella no había entendido su mensaje y que ignoraba que Él era el Hijo de Dios. Gracias a su inmensa sabiduría, le declaró los secretos de su vida privada.

- "Has tenido cinco maridos y el hombre con el que vives no es tu esposo".

- "Señor, me parece que eres profeta. Dime dónde debemos adorar a Dios" –preguntó ella.

- "Ha llegado el momento de adorar al Padre en espíritu y en verdad. Ya no importan los sitios sagrados, sino tu corazón. Dios no está encerrado en un lugar. Ahora Él quiere habitar en ti. Si lo llevas dentro, puedes adorarlo donde y cuando quieras. Siempre te escuchará" –afirmó Jesús.

Estas declaraciones distaban mucho de lo que ella había aprendido. Se quedó pensativa un rato y luego dijo:

- "Yo sé que va a venir el Mesías y que nos hablará de cosas muy extrañas".

- "Mujer, yo soy el Mesías" –declaró el Señor.

Entonces ella dejó su cántaro y corrió hacia la aldea. Contó a todo el mundo lo que había escuchado y muchos vinieron al pozo para comprobar sus dichos.

Después de conocer a Jesús, los samaritanos entendieron que era el Hijo de Dios y le pidieron que se quedara con ellos. Allí estuvo dos días hablándoles del Reino de su Padre. Luego, reinició su viaje en dirección de Galilea.

Jesús cuenta parábolas

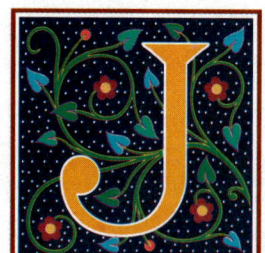esús y sus discípulos llevaban semanas andando hacia Galilea, pero aún estaban lejos. No porque caminaran despacio, sino a causa de las multitudes que se interponían para ver al Señor. Jesús reunía a las personas y empezaba a hablarles por medio de parábolas. Un día que se encontraba a la orilla del mar, subió a una barca y les contó la del sembrador.

– "Había una vez un sembrador que salió a sembrar. Mientrás sembraba, una parte de las semillas cayó junto al camino. Vinieron los pájaros y se las comieron. Otra parte cayó en medio de piedras donde había poca tierra. Las semillas germinaron rápido, pero llegó el sol y las quemó. También hubo semillas que cayeron entre espinos. Los espinos crecieron y ahogaron las semillas. Pero una parte cayó en buena tierra y dio mucho fruto".

Los apóstoles no entendían por qué Jesús hablaba por medio de parábolas. Les parecía que la gente quedaba confundida. Entonces, el Señor les dijo:

- "Aunque ellos tienen ojos, no ven; tienen oídos, pero no oyen ni entienden. No pueden comprender los misterios del reino de los cielos, porque son como niños. Por eso les cuento historias".

Dejó que la gente meditara un rato en la parábola del sembrador y les explicó lo que significaba.

- "Cuando alguien oye mis palabras y no las entiende, viene el diablo y arrebata lo que sembraron en su corazón. Éste es el que fue sembrado junto al camino. El que fue sembrado entre piedras es el que me oye con gozo, pero las dificultades de la vida lo hacen dudar y rechazar lo que escuchó. El que fue sembrado entre espinos, oye mis palabras pero las olvida al poco tiempo, porque está demasiado ocupado en sí mismo y en las cosas que posee.

Finalmente, el que fue sembrado en buena tierra es el que oye y entiende lo que digo. Guarda estas palabras en su corazón como un tesoro, las pone en práctica y da mucho fruto".

La gente se maravillaba del modo como Jesús hablaba, y muchos creyeron en Él. Por fin entendían que necesitaban ser salvos y recibir la vida eterna. Era la única manera de conocer el reino celestial después de la muerte.

Jesús siguió enseñando por medio de parábolas y los apóstoles lo acompañaban. Una vez, contó la del grano de mostaza.

– "El reino de los cielos se parece a un grano de mostaza, que un hombre cogió y sembró en su campo. El grano de mostaza es la semilla más pequeña que existe, pero cuando creció llegó a ser más grande que todas las hortalizas que este hombre tenía en su huerto".

Luego, añadió:

– "Había una vez diez mujeres jóvenes que se iban a casar. Cada una tomó su lámpara y salieron a encontrarse con el novio. Cinco de ellas eran prudentes y llenaron sus lámparas de aceite. Las otras eran insensatas y no lo hicieron. El novio se demoró y todas se durmieron. Cuando llegó a medianoche, se levantaron y arreglaron rápido. Las que no eran prudentes pidieron aceite a sus compañeras, pero ellas no les quisieron dar, porque tenían justo lo necesario para recibir al novio. Las insensatas se fueron a comprar aceite. Mientras tanto, las que estaban listas entraron con el novio a las bodas. Cuando llegaron las demás, golpearon a la puerta pero el novio no les quiso abrir. Ahora, escuchen todos. No sea que les pase a ustedes lo mismo. Estén preparados y no olviden su aceite, porque no saben cuándo volverá el Hijo de Dios".

Después de éstas, siguieron más parábolas y así fue como Jesús anunció las buenas nuevas de salvación.

El sermón de la montaña

En poco tiempo, Jesús se había convertido en una persona realmente famosa. Ricos y pobres lo buscaban por doquier para ser sanados o escuchar sus sermones. Ya en Galilea, una gran multitud se amontonó en torno al Señor y a los discípulos. Habían llegado de todas las regiones de Israel y de varios países vecinos. Desesperados por la enfermedad o necesitados de una palabra de aliento, muchos trataban de tocarlo para recibir un milagro. Jesús se conmovió al verlos, pero eran tan numerosos que no podía atenderlos uno por uno. Por eso, subió a un monte cercano y, desde allí, habló para todos.

- "Bienaventurados los pobres, porque de ellos es el Reino de los cielos.

- Bienaventurados los que lloran, porque serán consolados.

- Bienaventurados los mansos, porque heredarán la tierra.

- Bienaventurados los que tienen hambre y sed de justicia, porque serán saciados.

- Bienaventurados los misericordiosos, porque recibirán misericordia.

- Bienaventurados los de corazón limpio, porque verán a Dios.

- Bienaventurados los pacificadores, porque serán llamados hijos de Dios.

- Bienaventurados los perseguidos por ser justos, porque de ellos es el Reino de los cielos.

- Bienaventurados ustedes cuando los persigan o insulten por creer en mí, porque tendrán una gran recompensa en los cielos".

Sentados en el piso, niños y grandes escuchaban las palabras del Señor. Aunque eran miles, ni siquiera se oía un murmullo. Todos estaban quietos en la presencia del mayor profeta de todos los tiempos. Jesús siguió hablando con la autoridad que su padre Dios le había dado.

- "Pero, ¡ay de los ricos, porque ya tienen su consuelo!

- ¡Ay de los que ahora están llenos, porque tendrán hambre!

- ¡Ay de los que ríen, porque llorarán!

- ¡Ay de ustedes cuando todos los hombres los alaben, porque así adulaban a los falsos profetas!"

Varias horas habían pasado desde el inicio del sermón, pero la multitud seguía esperando más palabras del Maestro. Entonces, Jesús continuó:

- "Amen a sus enemigos.

- Hagan el bien a los que les hacen el mal.

- Bendigan a los que los maldicen.

- Oren por los que mienten acerca de ustedes.

- Y si alguien les pega en la mejilla derecha, ofrézcanle también la otra.

- A cualquiera que les pida, dénle. Y al que los robe, no le reclamen.

- Hagan a los hombres lo que quisieran que hicieran con ustedes.

- No juzguen y no serán juzgados.

- Perdonen, y serán perdonados.

- Sean generosos y también recibirán".

El frío de la tarde empezaba a hacerse sentir en la cima del monte donde se encontraba Jesús y nubes rosadas anunciaban el crepúsculo. Era hora de finalizar el sermón. Éstas fueron sus últimas palabras:

- "¡No sean como los paganos y los hipócritas, que hablan mucho y hacen poco! Porque ustedes serán conocidos por sus frutos. Recuerden que ningún árbol bueno da frutos malos, ni existe higuera de la que se recojan uvas".

Todos creyeron en el Hijo de Dios aquel día y regresaron transformados a sus hogares.

La multiplicación de los panes y de los peces

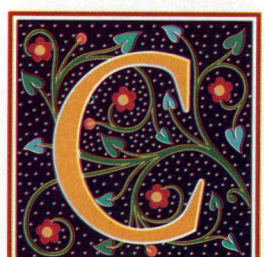Cuando Jesús bajó del monte, le siguió mucha gente. Aunque ya era tarde, sanó a todos los que se le acercaron. Así fue como curó a un leproso, a un paralítico, y también a la suegra de Pedro. Resucitó a la hija de Jairo y una mujer quedó limpia de una larga enfermedad con sólo tocarle el manto. Dos ciegos recibieron la vista y un mudo aprendió a hablar. Todas estas cosas maravillosas ocurrían mientras Él atendía al pueblo.

Agotados por esta extensa jornada, el Señor y los discípulos tomaron una barca y se fueron hacia un lugar tranquilo, lejos del bullicio de la gente.

Apenas despuntaba el alba cuando llegaron al sitio donde descansarían este día. Pero una sorpresa los esperaba. Miles de personas los habían seguido a pie desde su salida y aguardaban a la orilla del mar.

Cuando Jesús los vio, tuvo compasión de ellos porque eran como ovejas sin pastor. Bajó de la barca y empezó a hablarles acerca del Reino de los cielos. También sanó a todos los enfermos. Los necesitados eran muchos y el Maestro se demoró el día entero en ocuparse de cada uno. Cuando por fin terminó, la noche ya había caído. Entonces los discípulos le dijeron:

– "Rabí, todo está oscuro y no tenemos comida para dar a esta multitud. Deberías mandarles a las aldeas cercanas para que compren alimentos".

– "No hace falta que se vayan. Dénles ustedes de comer".

- "¿Nosotros, Señor? ¡Doscientos denarios de pan no serían suficientes para que cada uno probara tan sólo un bocado!" -exclamó Felipe.

Jesús pidió a los apóstoles que buscaran entre la multitud si alguien tenía algo de comer. Volvieron todos con las manos vacías, excepto Andrés, el hermano de Pedro.

- "Mira, Maestro. Un muchacho me dio cinco panes de cebada y dos pececillos.

Pero, esto no es nada para tanta gente".

- "Está bien, Andrés. Dámelos" –pidió el Señor.

Los discípulos estaban consternados al ver la tranquilidad de Jesús.

- "Digan a la gente que formen grupos de cien o de cincuenta y que se recuesten sobre la hierba" –ordenó a los apóstoles.

Entonces el Hijo de Dios tomó los panes y los peces y, mirando al cielo, los bendijo. Los partió y llenó cestas enteras que los doce empezaron a repartir entre la gente. Aquel día, cinco mil hombres, sin contar las mujeres y los niños, comieron hasta ser saciados. Cuando todos terminaron, sobraron doce cestas repletas de pan, más lo que quedó de los peces.

La multitud se puso a aclamar a Jesús. Gritaban que Él era el Mesías y muchos pensaron en hacerle rey de Israel. Pero el Señor no quería corona ni palacio, porque había venido a servir. Por eso se retiró al monte y se puso a adorar a Dios. No necesitaba la autoridad ni los tesoros de los hombres. Hacer la voluntad de su Padre era lo único que anhelaba.

Jesús camina sobre las aguas

os discípulos despidieron a la multitud y subieron a la barca que habían dejado a la orilla del mar. Allí esperaron durante horas, pero Jesús no bajaba del monte. Estaban preocupados porque la embarcación era frágil y soplaba un fuerte viento que trataba de alejarlos de la costa. De repente, la cuerda que los retenía se rompió y empezaron a adentrarse en el mar. Las olas eran cada vez más altas y la barca se movía peligrosamente de un lado a otro. Los apóstoles remaban con todas sus fuerzas para contrarrestar el efecto del viento, pero no podían controlar la nave.

- "Si Jesús estuviera aquí, Él calmaría las aguas. ¿Por qué no vino con nosotros? Ahora, ¿qué haremos?" –decían entre sí.

Estaban terriblemente asustados porque pensaban que iban a morir en medio de esta tempestad, cuando vieron una sombra acercarse a ellos.

- "¡Un fantasma! ¡Dios mío, sálvanos!" –gritaban aterrorizados.

Pero no era un fantasma ni la sombra de la muerte como suponían. Era Jesús. Se había demorado un poco hablando con su Padre en el monte y, al bajar, los discípulos ya se habían ido. Como no quería quedarse hasta la madrugada para alcanzarlos, había decidido cruzar el mar en plena noche.

- "Amados míos, no tengan miedo. ¡Soy yo, Jesús!" –les dijo para tranquilizarlos.

Pero ellos no le creyeron y pensaron que era una trampa del diablo para matarlos. Pedro, que era el más valiente de todos, tomó la vocería del grupo y exclamó:

- "Si realmente eres el Señor, haz que yo me acerque a ti caminando sobre las aguas como tú lo haces".

- "Ven" –contestó Jesús.

Pedro bajó de la barca y empezó a andar sobre el mar. Pero el viento soplaba muy fuerte y las olas azotaban su rostro. Miró el aterrador paisaje que tenía a su alrededor y tuvo miedo de ahogarse. Entonces, empezó a hundirse.

- "¡Señor, sálvame! –suplicó a voces.

Jesús lo miraba con una dulce sonrisa, porque Pedro era como un niño. Extendió su mano hacia él y lo colocó sobre las aguas. Luego, le dijo:

- "¿Por qué dudaste, hombre de poca fe?"

Subieron a la barca y el viento se calmó. Los demás apóstoles estaban maravillados de lo que acababan de ver. Se arrodillaron ante Jesús y le adoraron.

- "Verdaderamente, tú eres el Hijo de Dios" –le dijeron.

Continuaron la travesía en la más absoluta tranquilidad y llegaron hasta Genesaret, donde reiniciaron su ministerio predicando el evangelio y sanando enfermos.

Jesús, el pan de vida

uando terminaron de predicar a la gente de Genesaret, Jesús dijo a sus discípulos que se fueran a Capernaum porque sus habitantes eran tercos y no querían arrepentirse. Cogieron la barca y atravesaron el mar de Galilea. Cuando llegaron al lugar señalado, el Señor los esperaba.

- "Maestro, ¿cómo viniste hasta aquí si no te vimos subir en ningún barco?"

- "Todavía no lo saben... Caminando sobre el mar" –contestó Jesús.

Los apóstoles amaban al Mesías y lo admiraban por los milagros que acostumbraba hacer. Pero Él no quería que lo siguieran por su poder.

- "No me busquen por las señales que hago, sino por el pan que les doy y así no volverán a tener hambre jamás. Dios Padre me ha enviado para que yo los sacie para siempre".

Los discípulos no entendían lo que Jesús les quería decir. Pensaban que su misión era imitarlo. Por eso le preguntaron:

- "¿Qué debemos hacer para poner en práctica las obras de Dios?"

- "La obra de Dios es que crean en el que Dios ha enviado".

Como todos los seres humanos, los apóstoles eran incrédulos. Habían presenciado miles de milagros, pero a ratos dudaban que el hijo de José fuera el Salvador. El Dios de sus antepasados había hecho llover maná del cielo en el desierto, pero Jesús, ¿qué señal prodigiosa había realizado? El Señor conocía sus pensamientos y entendía por qué no tenían fe.

Afortunadamente, era muy paciente y no le molestaba explicarles varias veces lo mismo.

- "El maná no fue el verdadero pan del cielo. El pan de Dios es aquel que descendió a la Tierra para dar vida al mundo" –reiteró Jesús.

- "Señor, danos siempre este pan" –dijeron los discípulos, pensando que se trataba de algún alimento especial.

- "Yo soy el pan de vida. El que viene a mí, nunca tendrá hambre. Y el que cree en lo que digo, no volverá a sentir sed. Ustedes me conocen, pero no creen. Sin embargo, yo no los desecho de mi lado, porque no he venido a hacer mi voluntad, sino la de mi Padre. Y Él no quiere que ustedes se pierdan, sino que tengan vida eterna".

Los judíos que le escucharon empezaron a murmurar contra Él, porque se había atrevido a decir que era el pan de vida. En las sinagogas, los rabinos se reunían a hablar de este nazareno que decía ser el Mesías cuando no era más que el hijo de un carpintero. Jesús sabía que el número de sus enemigos crecía día tras día, pero no podía callar la verdad.

- "Sus padres comieron maná en el desierto, pero se hicieron viejos y murieron. Yo soy el pan vivo que descendió del cielo. El que come mi carne y bebe mi sangre, tiene vida eterna" –declaraba ante todos.

Los habitantes de Capernaum no quisieron creer las palabras del Hijo de Dios. Los mismos discípulos pensaban que el Señor había sido demasiado duro y que este sermón les traería problemas. Pero Jesús estaba tranquilo, porque había venido a hacer la voluntad del Altísimo, no a agradar a los hombres.

La transfiguración

espués de los estruendosos sermones de Jesús en Capernaum, los apóstoles seguían sin entender muchas de las cosas que habían oído. Sin embargo, el Mesías sabía que le quedaba poco tiempo de vida y decidió revelarles otros secretos. Partirían pronto para Jerusalén. Allí, Él recibiría toda clase de injurias por parte de los sacerdotes, rabinos y escribas. Es más, lo matarían como un vil ladrón, pero resucitaría al tercer día. Los discípulos escuchaban atónitos, pero Pedro amaba demasiado al Señor como para permitir su muerte. Lo llevó lejos y trató de disuadirlo.

- "Maestro, ten piedad de ti. Que jamás acontezca lo que comentaste".

- "¡Apártate de mí, Satanás! ¡Piensas como hombre y no entiendes la voluntad de Dios!" –exclamó Jesús y, dirigiéndose a los apóstoles, les dijo:

- "Si alguno de ustedes quiere seguirme, que tome su cruz y se niegue a sí mismo. Porque lo que viene no es fácil".

Seis días después, el Señor subió a orar al monte Hebrón, acompañado de Pedro, Santiago y Juan. Mientras hablaba con su Padre, ocurrió algo asombroso que cambiaría la vida de los apóstoles para siempre: Jesús se transfiguró. ¡Su rostro resplandeció como el sol y sus vestidos se hicieron blancos como la luz! Por un instante, el Mesías se revelaba ante los suyos como el Rey glorioso que los judíos y toda la humanidad esperaban. Entonces aparecieron Moisés, el que dio la Ley al pueblo hebreo, y Elías, el mayor de los profetas. Los tres se pusieron a hablar. Los discípulos estaban petrificados de miedo, pues el Maestro parecía un

ángel y, además, conversaba con dos muertos... ¡El fin debía estar cerca! Pedro se armó de valor y propuso:

- "Señor, hagamos tres tiendas: una para ti, otra para Moisés y la tercera para Elías. Y así podremos vivir aquí juntos..."

Mientras Pedro aún hablaba, una nube los cubrió a todos y una potente voz se oyó desde el cielo.

- "Éste es mi Hijo amado, en quien tengo complacencia. ¡Escúchenlo a Él!"

Esta vez, los tres discípulos cayeron al suelo, temblando de terror. Se arrodillaron y cubrieron sus rostros para no ver lo que podía pasar.

Entonces, Jesús se acercó y los tocó.

- "Levántense, porque no tienen nada que temer".

Los apóstoles alzaron los ojos y vieron que Jesús estaba solo. Moisés y Elías se habían ido. Acontecidas estas cosas, descendieron del monte para reunirse con los demás discípulos. Pero antes de llegar, Jesús les advirtió que no contaran a nadie lo que habían visto arriba. La verdad podía ser conocida sólo hasta que Él resucitara.

El hijo pródigo

ientras habría de ocurrir lo que había anunciado a los apóstoles, Jesús seguía predicando el evangelio a todos los que querían oírle. Multitudes de judíos, pero también de romanos y forasteros invadían diariamente las calles y los campos donde estuviera el Mesías. Los mismos publicanos que eran desechados por la población hebrea porque trabajaban recaudando impuestos en nombre de César, tenían acceso a la persona de Jesús. Los fariseos, es decir aquellos hebreos que seguían rigurosamente la Ley de Moisés, se indignaban de la actitud del Señor. ¿Cómo era posible que un judío circuncidado hablara con los pecadores e incluso se atreviera a comer en su casa? Conociendo lo que murmuraban en contra suya, Jesús les contó esta parábola:

"Érase una vez un hombre muy rico que tenía dos hijos a quienes amaba por igual. Un día, el menor quiso vivir por su cuenta. Estaba aburrido de trabajar en la propiedad de su padre y pensaba que había cosas mucho más interesantes que hacer afuera. Así que pidió su parte de la herencia y se fue. El pobre hombre se quedó muy triste. Pasaron los días, y el hijo menor llegó a una región lejana donde hizo malas amistades. Viendo que era rico, muchos lo buscaban para aprovecharse de él. El joven era ingenuo y pensaba que de verdad lo estimaban. Conoció las posadas más famosas y se emborrachó con los más exquisitos vinos. También salió con mujeres hermosas y se relacionó con mucha gente importante. Pagó los gastos de todos. Rodeado de tanta atención, el muchacho se sentía en el paraíso. Pero el dinero se acabó pronto. Entonces vendió su túnica, sus joyas y el camello que lo había traído. Al poco tiempo, había gastado todo lo que tenía. Los supuestos amigos se

fueron y se quedó solo. Una terrible escasez cayó repentinamente sobre la ciudad donde estaba y el muchacho empezó a sentir hambre. Pidió a los habitantes del lugar que le dieran de comer, pero nadie quiso ayudarle. Pensó en trabajar, pero nadie tenía con qué pagarle, pues la pobreza era muy grande. Un hombre escuchó sus lamentos y lo mandó cuidar unos cerdos que tenía en su hacienda. A cambio, recibiría un pedazo de pan cada día y tendría un rincón donde dormir. El aspecto del muchacho era lamentable: estaba lleno de lodo, olía peor que los mismos cerdos y era flaco como un alfiler. "Estos animales asquerosos comen mejor que yo" –pensaba. Recordaba la abundancia de la casa de su padre, y gruesas lágrimas inundaban su rostro. "¡Los obreros que viven en mi casa comen cuanto quieren, mientras que yo estoy rodeado de basura y me muero de hambre!" –se lamentaba cuando nadie lo veía. "¡Cuán bajo he caído! Lo he perdido todo a causa de mi egoísmo. Ya no soy digno del amor de mi padre, pero tal vez me dé trabajo para que no muera". Así fue como decidió volver a su casa. Cuando su padre lo vio desde lejos, corrió a encontrarlo. Sin importarle el mal olor que despedía, lo abrazó y lo besó. Lo vistió como a un príncipe y organizó una gran fiesta para celebrar el regreso del hijo pródigo que creía muerto o perdido para siempre".

Los fariseos escucharon el interesante relato, pero no entendían lo que Jesús quería decirles con eso. Entonces, Él les explicó:

– "Así como el padre se alegró cuando volvió su hijo, así se regocija el Padre celestial cuando un pecador se arrepiente y se acerca a Él. Por eso predicó a todos los que quieran reconocer sus pecados, sean judíos o extranjeros" –concluyó el Maestro.

Jesús, el buen pastor

Los fariseos se rehúsaban a creer que Jesús fuera el Mesías, porque eran muy orgullosos y tercos de corazón. Las Escrituras decían claramente que el Salvador sería un rey y que vendría a hacer cumplir la Ley de Moisés.

Jesús, en cambio, se vestía como los pobres y sanaba a los enfermos en pleno día de reposo. Este hombre no podía venir de Dios, sino del demonio. Era un falso profeta y había que eliminarlo antes de que provocara una revolución entre el pueblo. El Señor sabía que era necesario que todo esto ocurriera y que sólo era el principio de sus sufrimientos. Con mucha paciencia y dulzura, volvió a hablar con los fariseos.

- "Escuchen bien todos. Yo soy la puerta. El que entra por mí, será salvo. Los que vinieron antes de mí, eran ladrones y mentirosos. Y el ladrón no viene sino para robar, matar y destruir. Yo he venido para que tengan vida, y para que la tengan en abundancia. Yo soy el buen pastor que da su vida por las ovejas. Yo las conozco y ellas me oyen, así como me conoce el Padre y yo le oigo. Nadie me quita la vida; yo la entrego por mi rebaño que estoy reuniendo. Porque ésta es la voluntad de mi Padre".

Después de escucharlo, los fariseos se ofendieron terriblemente y amenazaron expulsar al Señor de la sinagoga. Humilde como siempre, Jesús salió del templo dejando tras de sí muchas dudas en la mayoría de los hebreos que habían escuchado sus palabras. Unos decían que nadie era mayor que Moisés, otros se proclamaban discípulos de Juan el Bautista o de Elías. Los más atrevidos afirmaban que Jesús también era profeta y que tal vez era el Cristo.

- "Tenemos que saber la verdad. ¡Hablemos con este Jesús de Nazaret, y que confiese de una vez por todas!" -propusieron algunos.

Encabezados por los principales sacerdotes y los fariseos más influyentes, los judíos se fueron a buscar al Señor. Lo encontraron rodeado de niños.

- "¿Hasta cuándo nos vas a atormentar con tus palabras que nadie entiende? Si eres el Cristo que ha de venir, dilo abiertamente" –exigieron.

- "Las obras que hago en nombre de mi Padre, demuestran quién soy. Pero ustedes no creen, porque no son mis ovejas" –declaró el Maestro.

En vez de calmarlos, las declaraciones de Jesús enfurecieron aún más a los fariseos y a los judíos que los acompañaban. Todos se armaron de piedras para matarlo, mientras gritaban:

- "¡Blasfemia! ¿Cómo tú, siendo hombre, te atreves a hacerte pasar por Dios? ¡Muerte al falso profeta!"

Jesús logró escapar de sus manos y se refugió al otro lado del Jordán, donde Juan lo había bautizado. Allí muchos creyeron en Él y lo escondieron de los que querían matarlo. La persecución había comenzado.

La resurrección de Lázaro

Jesús estaba hospedado cerca del río Jordán cuando unos mensajeros le anunciaron que su amigo Lázaro se encontraba muy enfermo. Venían de parte de María y de Marta, quienes pedían que fuera inmediatamente a Betania para sanar a su hermano. El Señor estimaba mucho a esta familia, pero decidió esperar dos días más antes de viajar. Mientras tanto, Lázaro empeoró y finalmente murió. Jesús sabía lo que acababa de suceder, pero antes quiso pasar por Judea para que la gente de aquella región se arrepintiera y recibiera vida eterna. Los apóstoles estaban sorprendidos al ver la poca solidaridad del Maestro con Lázaro. Además, estaban huyendo de Judea porque lo buscaban para matarlo. ¿Por qué habrían de volver allá? Jesús no quería escuchar sus consejos. Así que se fueron a Judea para predicar el evangelio. Conociendo la inquietud de los discípulos acerca de la suerte de Lázaro, Él los tranquilizó diciendo:

– "Mi amigo Lázaro duerme. Iré a despertarlo".

– "Señor, si duerme, sanará" –contestaron. No entendían que Jesús se refería a la muerte de su amigo. Entonces, les aclaró:

– "Lázaro ha muerto. Me alegro de que ninguno de ustedes haya estado allá cuando esto ocurrió, porque ahora creerán. Vámonos para Betania".

Los discípulos ya estaban acostumbrados a las extravagancias de su Maestro, así que le siguieron sin pedir explicación.

Cuando llegaron a la casa de Marta y María, las encontraron vestidas de luto. Muchos judíos habían venido de Jerusalén para consolarlas, porque Lázaro había sido un buen hombre. Apenas Marta supo que Jesús había llegado, salió a recibirlo. Estaba muy afligida y así se lo hizo saber:

- "Si hubieras estado aquí, mi hermano no habría muerto. ¿Por qué tardaste tanto?" -le reprochó.

- "Ten fe. Tu hermano resucitará" –contestó Jesús, mientras la abrazaba. Marta fue a buscar a María que se había quedado en casa y le dijo que el Maestro la necesitaba. Ella acudió en seguida y se postró a los pies del Mesías. Al verla sufriendo, Jesús se conmovió y ambos lloraron frente al sepulcro de Lázaro. Entonces, le dijo a Marta:

- "Haz que quiten la piedra".

- "Señor, ya nada se puede hacer. Murió hace cuatro días" - lamentó ella.

- "¿No te he dicho que si crees, verás la gloria de Dios?" -reclamó Jesús.

Varios hombres se juntaron y quitaron la piedra que cerraba la entrada de la tumba. El Hijo de Dios alzó sus ojos hacia el cielo y dijo en voz alta:

- "Padre, gracias por haberme oído. Haz ahora que toda esta multitud crea que Tú me has enviado y que he venido para darles vida eterna". Dichas estas palabras, el Señor miró fijamente hacia el sepulcro y ordenó:

- "¡Lázaro, sal fuera!"

Y así fue, porque aún la muerte obedece al Hijo de Dios. Lázaro salió de la tumba todavía envuelto en las vendas con las que lo habían embalsamado. La multitud de curiosos, familiares y amigos del difunto presenciaron el milagro y el nombre del Altísimo fue alabado. Muchos creyeron en el Señor y fueron salvos aquel día. Los fariseos eran los únicos descontentos entre el gozo general, porque veían con temor cómo la fama y el poder de Jesús crecían entre el pueblo. Más que nunca antes, pensaron en matarlo.

La entrada triunfal a Jerusalén

Seis días antes de la Pascua, Jesús volvió a Betania. Quería visitar a Lázaro y a sus hermanas antes de seguir hasta Jerusalén, como solía hacerlo cada año para la ocasión de las fiestas. Hacía tiempo que Jesús vivía escondido, porque se había enterado de que Caifás quería arrestarlo. Por eso, cuando los judíos supieron que el Mesías iba a ir a la ciudad santa para celebrar la Pascua, se emocionaron en granmanera. El Señor sabía que muchos espías también esperaban su llegada para capturarlo, pero debía correr el riesgo para que las Escrituras se cumplieran.

Jesús permaneció un día en casa de sus amigos y, a la madrugada, salió con los discípulos hacia Jerusalén. Cuando llegaron cerca del monte de los Olivos, el Maestro mandó a dos apóstoles que fueran a buscar un pollino.

- "Vayan a la aldea de Betfagé que queda enfrente. A la entrada, encontrarán un pollino atado, en el cual ningún hombre ha montado jamás. Tráiganmelo. Si alguien les pregunta por qué se lo llevan, digan que el Señor lo necesita" –explicó.

Biblia para niños

Así lo hicieron y, cuando regresaron, colocaron sus túnicas encima del burrito. Jesús se subió encima y reiniciaron su camino. Miles de personas también se dirigían hacia Jerusalén para la Pascua y, cuando lo vieron acompañado de los discípulos, lo reconocieron en seguida. Muchos se quitaron los mantos que llevaban puestos y los colocaron en el piso para formar una calle de honor al Maestro. Otros quitaron ramas de los árboles para aclamarle, mientras todos gritaban:

- "¡Hosanna al Hijo de David! ¡Bendito el rey que viene en el nombre del Señor! ¡Paz en el cielo y gloria en las alturas!"

Cuando el Hijo de Dios entró a Jerusalén las ovaciones y los aplausos del pueblo llenaron la ciudad entera. Desde la azotea de su palacio, Caifás también presenció la llegada del Rey de los judíos. Junto a él, los sacerdotes y varios hombres ricos de la ciudad maldecían aquel glorioso momento. Uno de los fariseos no pudo contener su ira y gritó al Señor:

- "¡Mándalos callar!"

- "Si les digo que se callen, las piedras hablarán por ellos" –aseguró Jesús.

Y Él tenía razón. Nadie hubiera podido controlar la euforia de la multitud aquella tarde. Estaban seguros de que Jesús de Nazaret era el Mesías y hubieran matado a cualquiera que se hubiera interpuesto. No era un buen momento para arrestarlo... Los fariseos tendrían que esperar otra oportunidad. Entonces, ante la mirada impotente de los que querían su muerte, Jesús entró en el templo para adorar a su padre Dios.

La segunda venida de Cristo

esús enseñó en el templo todos los días que duraron las celebraciones de la Pascua. Luego de una semana, salió de Jerusalén y se dirigió hacia el monte de los Olivos acompañado de los discípulos y de miles de personas que querían escucharlo. El Señor se sentó en el monte y empezó a decir:

— "Muchos de ustedes admiran este templo. Pero yo les digo hoy que vendrá el día en que será totalmente destruido".

La gente lo miraba con extrañeza, porque el templo había sido edificado por Salomón siglos antes y ningún temblor ni guerra lo había dañado. Además, era un lugar santo y nadie se atrevería jamás a derrumbarlo.

Entonces Pedro, Santiago y Juan lo cogieron aparte y le dijeron:

— "Maestro, revélanos cuándo será este día. ¿Qué señal nos advertirá de lo que va a pasar?"

Esta pregunta era muy importante. Todos debían conocer la verdad. Jesús miró a la multitud y les declaró:

— "Yo soy el Cristo. En los tiempos del fin, muchos vendrán en mi nombre y tratarán de engañarlos. Estén atentos a las señales que Dios mandará sobre la Tierra para anunciar mi segunda venida, y así no se equivocarán".

Muestras de preocupación y evidente confusión recorrieron los rostros de los que escuchaban. La Ley de Moisés hablaba de un Salvador y ellos creían que éste era Jesús de Nazaret. Pero no sabían nada acerca de su segunda venida. Además, Él ni siquiera se había proclamado rey todavía. ¿Por qué habría de irse? Jesús siguió hablando:

- "Antes de que yo venga por segunda vez, ocurrirán cosas terribles. Pero no se asusten, porque es necesario que todo esto ocurra. Habrán guerras, terremotos, hambres y pestes en muchos lugares de la Tierra. Pero el fin sólo llegará cuando el evangelio sea predicado en todas las naciones. Entonces, ustedes serán perseguidos por creer en mí y tratarán de matarlos. Sin embargo, nada les pasará si son fieles hasta el final".

Reunidas en pequeños grupos abajo del monte, las ovejas escuchaban a su pastor. Ni el frío ni el hambre podía distraerlos. El Señor continuó diciendo:

- "También verán señales en el cielo. El Sol se oscurecerá y la Luna dejará de brillar. La gente se asustará como nunca antes, porque oirán desde lejos el bramido del mar y de las olas. Relámpagos resonarán y grandes nubes cubrirán la Tierra. Entonces verán al Hijo de Dios venir en una nube con gran poder y majestad. Miles de ángeles lo rodearán para celebrar su llegada".

- "¿Pero cuándo será esto?" -preguntaron varios.

- "El Hijo de Dios volverá como ladrón en la noche. Nadie, fuera del Padre, sabe la fecha ni la hora. Ni siquiera el Hijo. Estén atentos a las señales y guarden su corazón de la contaminación de este mundo".

Jesús predicó este mensaje durante varias semanas y, cada día, multitudes venían de todo Israel para oírlo. Terriblemente preocupados por el poder que había adquirido y el número creciente de sus seguidores, los fariseos, sacerdotes y poderosos prepararon un complot para matar al Mesías. Uno de los apóstoles llevaría a cabo esta terrible misión.

La traición de Judas

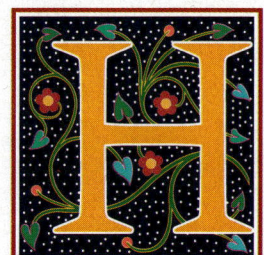abía transcurrido un año desde que Caifás y los principales sacerdotes de Jerusalén prepararon el complot para matar a Jesús. Pero el Señor vivía rodeado de miles de seguidores, quienes lo protegían las veinticuatro horas del día. Nunca dormía dos noches en la misma casa y era muy difícil hacer hablar a los hebreos para saber su paradero. Los fariseos estaban desesperados porque lo veían caminar libremente sin que pudieran evitarlo. El rumor de sus milagros y el poder de sus sermones había trascendido las fronteras de Palestina y ya no era posible contar el número de sus discípulos. La autoridad de Caifás y de los fariseos estaba en peligro, pues Jesús no tardaría en ser proclamado Rey de los judíos. Entonces, el pueblo ya no querría sino obedecerle a Él y César nunca les perdonaría haber dejado perder esta provincia para Roma. Estos pensamientos los atormentaban, pero no hallaban cómo matar a Jesús. La única manera era esperar a que pasaran las fiestas de la Pascua. Cuando la mayoría de la gente hubiera regresado a sus hogares, sería más fácil arrestarlo. Pero alguien cercano al Señor les tenía que informar dónde se escondía.

No habían terminado de hablar cuando Judas Iscariote se presentó al palacio de Caifás. Los sacerdotes y rabinos se miraron extrañados.

- "¿Eres tú, Judas Iscariote?" –preguntó Caifás, tratando de ocultar su sorpresa.

- "Sí, Señor" –respondió tímidamente Judas.

- "¿Acaso no eres uno de los doce que siguen a este Jesús por todas partes? Deberías saber que ninguno de ustedes es bienvenido a este lugar.

- ¡Dinos qué quieres y vete antes de que mueras!"

- "Sé que quieren matar a Jesús, pero no lo han podido atrapar. Díganme cuánto me pagarán y yo se lo entregaré".

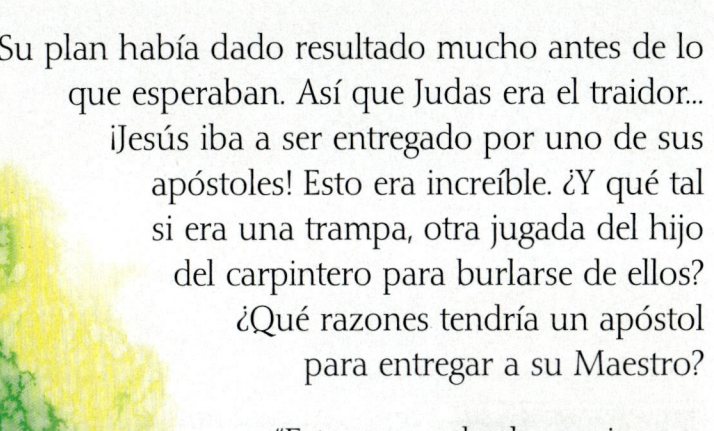

Su plan había dado resultado mucho antes de lo que esperaban. Así que Judas era el traidor... ¡Jesús iba a ser entregado por uno de sus apóstoles! Esto era increíble. ¿Y qué tal si era una trampa, otra jugada del hijo del carpintero para burlarse de ellos? ¿Qué razones tendría un apóstol para entregar a su Maestro?

- "Estoy cansado de seguir a un rey que vive como un mendigo. Llevo años recorriendo a pie Israel y los países vecinos y, ¿qué he ganado yo? Soy igual de pobre que antes. Si hubiera querido, hoy Jesús viviría en palacios y sería el hombre más poderoso de Palestina. Nosotros, sus discípulos, tendríamos poder y gozaríamos de todos los lujos que nos hemos ganado por estar con Él. Pero Jesús no piensa en nosotros. Sólo le interesan los pecadores y la gente pobre, enferma o loca" - explicó el apóstol.

Los sacerdotes no sabían que el diablo había entrado en Judas y era quien le hacía decir todas estas cosas. Sin embargo, esta situación les parecía muy conveniente, así que le dijeron:

- "¡Te daremos treinta monedas de oro!"

Judas aceptó y se comprometió a cumplir su parte del trato. Les entregaría al Señor para que pudieran matarlo.

La última cena

omo era costumbre desde los tiempos de Moisés, el primer día de la Pascua se celebraba en familia con una gran cena. Pan sin levadura, cordero y vino mezclado con agua era el menú de la noche que todos los judíos compartían en sus casas apenas caía la tarde. Jesús era muy respetuoso de los mandamientos de su Padre y ordenó a los discípulos que prepararan la cena. Ellos también formaban una familia y debían conmemorar la Pascua juntos. Pero los apóstoles no tenían hogar, pues andaban errantes por todo Israel siguiendo al Maestro. Por eso, le preguntaron:

- "Señor, ¿dónde quieres que alistemos la cena?"

Jesús se dirigió a Pedro y a Juan y les encomendó ir a la ciudad donde encontrarían a un hombre llevando un cántaro de agua.

- "Síganlo hasta su casa. Entonces le dirán que vienen de parte del Señor y que Él necesita un lugar para celebrar la Pascua con sus discípulos".

El hebreo acogió la solicitud del Mesías con mucho agrado, pues era un verdadero honor tenerlo en su casa, y puso el segundo piso a su entera disposición. Una larga mesa con trece asientos estaban debidamente colocados en medio de un amplio salón y allí prepararon los apóstoles lo que había de ser su última cena con el Mesías.

A las seis de la tarde, Jesús se reunió con los doce y los ubicó en la mesa. Juan se sentó a su derecha, pues era el discípulo que El Señor más amaba, y Judas a su izquierda, que correspondía al puesto de los invitados de honor. Una vez todos estuvieron en su sitio, Jesús se levantó y empezó a lavar los pies de cada uno. Sólo después, empezó la cena. Jesús cogió el cordero y lo repartió. Entonces declaró:

– "Ustedes son mi familia sobre la Tierra y les he amado como si fuéramos hermanos de sangre. Pero uno de ustedes me va a entregar".

Los apóstoles se pusieron muy tristes, porque amaban al Señor y por nada lo traicionarían. ¿Se verían obligados a cometer este crimen? ¿Quién de ellos sería el culpable? Se miraban unos a otros, pero se conocían demasiado como para desconfiar de la lealtad de cualquiera de ellos. Sin embargo, no sabían que el diablo había convencido a Judas y que la bolsa que llevaba en su cinturón era la paga por su traición. Ante el silencio de Jesús, Juan se recostó en el hombro del Señor y le preguntó en voz baja:

- "¿Quién es, Maestro?"

Entonces, para que nadie más escuchara, Jesús susurró:

- "Aquel a quien yo le dé el pan mojado, éste me entregará".

Mojó el pedazo de pan y se lo ofreció a Judas.

- "Lo que tengas que hacer, hazlo lo más pronto posible" –le advirtió.

Aparte de Juan, nadie entendió las palabras del Señor. Judas se quedó a la mesa y Jesús siguió con la celebración de la cena. Cogió el pan y, bendiciéndolo, lo repartió entre todos. Luego, dijo:

- "Coman, esto es mi cuerpo que es entregado por ustedes. Háganlo siempre en memoria de mí".

Después, tomó la copa de vino y declaró:

- "Beban todos de esta copa. Es mi sangre que es derramada para que sus pecados sean perdonados".

Todos comieron y bebieron, pero no hubo fiesta aquella noche. Cantaron el himno de la Pascua para despedirse y Jesús se fue a orar a un monte llamado Getsemaní.

El otro consolador

Los apóstoles se fueron con Jesús a orar al huerto de Getsemaní, como lo habían hecho tantas otras veces. Pero, en esta oportunidad, sólo un pesado silencio los acompañó durante el camino. No hubo chistes ni quejas, y menos preguntas. Estaban absortos en sí mismos y profundamente deprimidos porque el Señor los dejaba para siempre. Mientras iban subiendo, unos lloraban, otros recordaban los mejores momentos pasados con el Hijo de Dios o simplemente lo miraban por última vez. Jesús también estaba triste, pero sabía que estaba cumpliendo la voluntad de su Padre. Sin embargo, le preocupaba mucho la angustia de aquellos hombres a quienes amaba tanto. Por eso les dijo:

– "Hijitos, ustedes no pueden ir adonde voy ahora".

Entonces, Pedro, con lágrimas en los ojos, le preguntó:

– "¿Adónde vas, Maestro? ¿Por qué no te puedo seguir? Tú sabes que yo daría mi vida por ti".

– "¡Ay, Pedro, mi buen Pedro! Antes de que cante el gallo, ya me habrás negado tres veces..."

– "¡Aunque tenga que morir contigo, no te negaré!" –contestó ofendido.

Jesús amaba a Pedro, pero lo conocía. Era como un niño que habla sin pensar y olvida pronto sus promesas. Así que lo miró con ternura y les siguió diciendo:

– "No tengan miedo de lo que va a venir. En la casa de mi Padre, hay muchas moradas. Ahora me voy a preparar un hogar para ustedes en el cielo. Ya saben adónde voy y cuál es el camino".

Los apóstoles estaban acostumbrados a las frases enigmáticas de su Maestro, pero esta vez no le entendieron.

- "Señor, ni siquiera sabemos adónde vas. ¿Cómo encontraremos el camino?" -preguntó Tomás.

- "Yo soy el camino, la verdad y la vida. Nadie viene al Padre, sino por mí".

A los apóstoles les gustó mucho saber que Jesús era el camino para llegar a Dios Padre y que tenían reservada una casa en el cielo. Pero, ¿quién les iba a guiar mientras llegaba el momento de reunirse con el Señor allá arriba? Entonces, Jesús les reveló un gran secreto:

- "Yo me voy, pero no se quedarán huérfanos. Mi Padre les dará otro Consolador para que esté con ustedes. Se llama el Espíritu Santo y estará encargado de recordarles todo lo que yo les he enseñado, para que sigan predicando el evangelio hasta que yo vuelva. También les dará paz y les ayudará a hacer la voluntad del Altísimo".

Entonces Jesús llamó a Pedro, a Santiago y a Juan, y los llevó aparte. Eran sus discípulos más amados, y con ellos quería pasar sus últimos momentos.

Jesús es arrestado

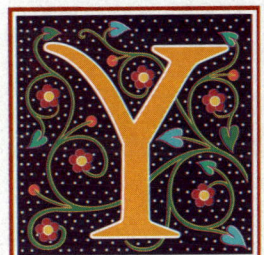a lejos de los demás discípulos, Jesús abrazó a Juan, Santiago y Pedro. LLoró largamente sobre sus hombros y se dejó consolar por ellos. No habría palabras para describir el dolor que sentía el Señor en este momento. Pronto dejaría a sus mejores amigos e iba a morir colgado de una cruz como si fuera el peor de los asesinos. Además, iba a cargar los pecados de la humanidad entera y su Padre lo abandonaría. Después de un rato, Jesús dijo a sus más fieles compañeros:

- "Mi alma está triste hasta la muerte. Por favor, quédense a mi lado y oren conmigo".

El Señor dio unos pasos adelante y se arrodilló. Cogió su rostro entre las manos y empezó a orar.

- "Padre mío, que pase de mí esta copa. Yo sé que para ti, todas las cosas son posibles. Pero que no se haga mi voluntad, sino la tuya".

Se volteó a mirar a lo apóstoles y los halló durmiendo. Los despertó y volvió a orar. Cuando terminó, se habían dormido de nuevo. Jesús los miró como se mira a un niño dormir y no los despertó más.

- "Duerman, amados míos. Ya no hay necesidad de orar, porque mi tiempo se ha cumplido. Voy a ser entregado en manos de los pecadores".

No había terminado de hablar cuando se escucharon unos pasos en medio de la noche. La luz de una antorcha llegó a la entrada del huerto y Jesús reconoció a Judas. Muchos soldados romanos y personas enviadas por parte de los sacerdotes y fariseos lo seguían. El traidor se arrimó a uno de los soldados y le dijo:

- "Al que me acerque y le dé un beso, ése es Jesús. Arréstenlo y hagan con Él lo que quieran".

Judas se acercó al Señor y lo besó en la mejilla. Entonces, los soldados se abalanzaron contra Jesús y lo detuvieron. Los discípulos se despertaron y huyeron, por temor a ser ellos también arrestados. Pero los soldados sólo habían venido por Jesús. Le ataron las manos y los pies con pesadas cadenas, y así lo llevaron al palacio de Caifás, el sumo sacerdote de Israel. Allí protagonizaría un extraño interrogatorio y, sin ser hallado culpable de falta alguna, sería condenado a muerte.

Pedro niega a Jesús

scondido detrás de un olivo, Pedro presenció toda la escena. Estaba enfurecido contra Judas y hubiera querido matarle, pero no podía luchar contra tantos hombres. Entonces, decidió seguir al Señor desde lejos. Sin ser visto, llegó hasta el palacio de Caifás. Jesús fue empujado hacia adentro y la puerta se cerró. Los alguaciles se sentaron en medio del patio y encendieron una fogata para celebrar el arresto del Señor. La noche estaba muy fría y Pedro también se acercó al fuego. Se sentó entre los hombres de Caifás y escuchó sus comentarios.

- "¿Cómo les parece este Salvador? Ni siquiera fue capaz de salvarse a sí mismo. Lo cogimos como se lleva un cordero al matadero" -decían burlándose.

Varias criadas servían la comida a los soldados, mientras Pedro pensaba en lo que acababa de pasar. De repente, una de ellas se fijó en él y lo reconoció.

- "Éste también estaba con Él" -dijo refiriéndose a Pedro y Jesús.

Los soldados dejaron su comida y lo rodearon con gestos amenazantes.

- "No, mujer. Te equivocas. Yo no conozco a este tal Jesús. Sólo vine a calentarme un poco, porque la noche está fría" -se defendió el hebreo.

Pedro se sentó aparte, pero aún así otro hombre lo identificó.

- "Éste es Pedro, uno de los doce apóstoles".

- "No, hombre. Yo no soy de ellos" -contestó con miedo.

Una hora después, otro se le acercó y afirmó:

- "Estoy seguro de que éste estaba con Él. Lo vi en el huerto. Estaba dormido cuando llegamos a arrestar a su Mesías".

- "No sé de qué hablas" –dijo Pedro.

Las palabras estaban aún en su boca cuando el gallo cantó. Entonces se acordó de lo que Jesús le había dicho: "Antes de que cante el gallo, me habrás negado tres veces". Un nudo se formó en su garganta y salió corriendo. Ya lejos, se dejó caer al suelo y lloró con toda su alma. ¡Él también había traicionado al Señor!

Mientras tanto, había amanecido. En el palacio de Caifás, el día había comenzado temprano, pues Jesús ya se encontraba en la presencia del sumo sacerdote. Los ancianos del pueblo, los fariseos, los sabios y los principales sacerdotes también estaban reunidos para formar el concilio que habría de interrogar al Señor. Caifás se sentó en su trono y preguntó:

- "Jesús de Nazaret, ¿eres tú el Cristo?"

- "Si les respondiera, no me creerían. Tampoco me liberarían. Pero les digo, desde ahora el Hijo de Dios estará sentado a la diestra del Padre" –contestó el Mesías, mirándolo fijamente a los ojos.

- "¿Acaso eres el Hijo de Dios?" –preguntó Caifás.

- "Tú lo has dicho" –aseguró Jesús.

- "¡Blasfemia! ¿Qué opina el concilio acerca de esto?"

Los testigos se tomaron unos minutos para deliberar y anunciaron:

- "El acusado es digno de muerte".

Entonces se acercaron al Señor y le escupieron en la cara. Otros le dieron puños por todo el cuerpo y le abofetearon. El Hijo de Dios no se defendió ni se quejó, porque era necesario que esto ocurriera. Como había sido anunciado por los profetas, uno solo entregaría su vida por la de muchos.

La muerte en la cruz

Luego de ser sentenciado a muerte por el gobierno judío, Jesús fue llevado ante Poncio Pilato, el procurador de Judea. Allí también se le interrogó, pero el Señor no refutó ninguna de las acusaciones que pesaban injustamente sobre Él. Más que nadie, Pilato sabía que el Señor era inocente, pero liberarlo lo habría hecho impopular entre los judíos, porque muchos de los que antes lo alababan hoy le daban la espalda y exigían su muerte. Por eso, sin hallarlo culpable de nada, lo acusó de querer expulsar a los romanos de Israel y de proclamarse rey; de propiciar una revolución en contra de las autoridades locales y romanas; de rehúsarse a pagar los impuestos al César, y otras cosas más que lo convertían en un verdadero criminal. No obstante, Pilato no quería ser responsable de la muerte de un inocente, así que la suerte final del Rey de los judíos dependería de la decisión unánime del pueblo.

Durante la fiesta de la Pascua que se celebraba anualmente, el procurador acostumbraba liberar a un preso. Este año, las festividades culminarían con la crucifixión de un hombre muy peligroso llamado Barrabás. Había dirigido una revuelta contra los romanos y cometido varios asesinatos. Pilato lo presentó ante el pueblo y preguntó a la multitud:

– "¿A quién quieren que libere: a Barrabás, o a Jesús, llamado el Cristo?" Los sacerdotes y los fariseos llevaban días persuadiendo a la gente de la culpabilidad del Señor. Cuando llegó el momento de la decisión, todos pidieron la liberación de Barrabás y reclamaron la cruz para Jesús. Pilato se lavó las manos y entregó al Mesías a sus soldados para que lo azotaran antes de morir.

Cuando Judas se enteró de lo que había acontecido, corrió al palacio de Caifás y declaró la inocencia de Jesús. Devolvió las treinta monedas de plata y rogó que fuera liberado. Pero ni los sacerdotes ni los ancianos dieron importancia a sus palabras. Salió llorando y al rato se ahorcó. Entre tanto, los centuriones de Pilato estaban torturando al Señor. Lo habían desnudado y colocado una corona de espinas sobre su cabeza. Una túnica roja y una caña a modo de cetro completaban su atuendo de rey.

- "¡Que viva su majestad, el Rey de los judíos" -se burlaban todos, mientras unos le escupían y otros se arrodillaban ante él para ridiculizarlo.

Le pusieron de nuevo sus vestidos y le hicieron beber vinagre. Escoltado por varios soldados que lo azotaban sin cesar, Jesús llegó hasta el monte Gólgota donde lo iban a crucificar. Entonces lo desnudaron por completo y traspasaron sus pies y sus manos con clavos de acero para sujetarlo a la cruz. Junto al Señor, uno a cada lado, dos ladrones también agonizaban. La sangre corría por la frente, las manos, los pies y el costado del Hijo de Dios, pero no hubo quejas en sus labios.

- "Padre, perdónalos porque no saben lo que hacen" -suplicaba con dolor.

De pronto, el cielo empezó a oscurecerse y Jesús exclamó:

- "Padre, ¿por qué me has desamparado?"

Entonces la Tierra se puso a temblar, las montañas se rompieron y resucitaron muchos muertos. La multitud tuvo miedo y varios reconocieron que Él era el Mesías.

- "Padre, en tus manos encomiendo mi espíritu" -gritó Jesús y expiró.

Un centurión atravesó su costado con una lanza y, al comprobar que había muerto, lo dejaron colgado para que todos lo miraran.

Así fue como Jesús, el justo, cargó el pecado de la humanidad para que, a través de su muerte, todos recibieran vida eterna.

La tumba vacía

Había anochecido desde hacía varias horas y un viento helado soplaba sobre el Calvario ya desierto. El cuerpo de Jesús colgaba de la cruz, abandonado de sus seguidores y enemigos. Pero un hombre llamado José de Arimatea se acordó del Mesías. Atravesó las oscuras calles de la ciudad y fue al palacio de Poncio Pilato para pedirle el cadáver del Salvador. José nunca había estado de acuerdo con las decisiones del concilio al que pertenecía, porque creía en la inocencia de Jesús. Desafortunadamente, su voto no pudo contrarrestar la opinión de la mayoría. Ahora, lo menos que podía hacer era embalsamarlo y darle una sepultura digna. Pilato accedió. El hebreo bajó el cuerpo del Señor y lo envolvió en una sábana. Lo cargó hasta una tumba de su propiedad y lo acostó allí. Cerró la entrada con una pesada piedra y se fue a su casa, pensando embalsamar el cuerpo después del día de reposo.

Los miembros del concilio judío se acordaban de que Jesús les había advertido que Él resucitaría al tercer día de su muerte. Ya habían pasado dos y opinaban que no era prudente dejar la tumba sin vigilancia. Sabían que era un impostor que se había hecho pasar por el Hijo de Dios y que, por lo tanto, no tenía ningún poder para resucitar. Sin embargo, sus seguidores podían mover la piedra y robarse el cadáver haciendo creer que el milagro había ocurrido. Entonces, el pueblo les echaría la culpa de haber crucificado al Mesías y se rebelarían contra sus sacerdotes. Esto tampoco le convenía a Pilato, pues no pagarían sus impuestos al César y el emperador pediría la cabeza del procurador. Ante estos argumentos, Pilato ordenó sellar la piedra y que varios guardias cuidaran la tumba de día y noche, de tal modo que nadie se acercara a ella.

Pasó el día de reposo y, al amanecer, María, la madre de Jesús, se dirigió al sepulcro acompañada de María Magdalena y de varias mujeres de la casa de José de Arimatea. Cargaban ungüentos y esencias aromáticas para embalsamar el cadáver del Señor. Cuando se acercaron, les sorprendió no ver a los soldados. Pero, lo que más llamó su atención, fue que la piedra sellada había sido removida. Entraron precipitadamente en el sepulcro y éste estaba vacío. ¡El cuerpo del Mesías había desaparecido! Lloraban desconsoladas, pues era una tragedia que hubiera sido robado, cuando dos hombres vestidos con ropas relucientes les dijeron:

_ "¿Por qué buscan entre los muertos al que vive? El Señor no está aquí, porque resucitó".

Ellas se acordaron de las palabras de Jesús antes de morir y salieron corriendo para anunciar a los apóstoles lo que habían presenciado. Los encontraron escondidos en una casa con las puertas y ventanas cerradas, porque temían que los persiguieran por haber sido discípulos del Señor.

Estaban haciendo memoria de los años que habían vivido al lado de Jesús, cuando María Magdalena llegó y les contó lo que acababa de pasar. Estaba muy emocionada y los discípulos la creyeron trastornada por la tristeza.

Sólo Pedro fue a la tumba y se maravilló al ver que estaba vacía. ¡El Mesías estaba vivo! ¡Había resucitado al tercer día, tal como lo había prometido! Ahora estaba sentado a la diestra del Padre esperando el momento para volver por segunda vez...

Jesús se aparece a los discípulos

Los rumores de la resurrección de Jesús corrieron por toda la ciudad de Jerusalén. En efecto, aterrorizados por lo que habían visto, los soldados que cuidaban la tumba fueron a despertar a Pilato apenas cantó el gallo.

- "Señor, ¡fue horrible! ¡La tierra empezó a temblar y de pronto la piedra se movió sola! Un resplandor alumbró la noche y el muerto salió de la tumba. Voló como un ángel y desapareció entre las nubes".

La noticia llegó a oídos de los apóstoles que estaban muy tristes por la muerte de su Maestro y terriblemente confundidos a causa de lo que se contaba. Mientras los once se quedaron discutiendo, dos de los seguidores de Jesús que habían estado con ellos decidieron ir a Emaús, una pequeña aldea cerca a Jerusalén. Estaban hablando acerca de la muerte y resurreción del Señor cuando Éste se les apareció en el camino:

- "¿De qué hablaban que vienen tan tristes?" –les preguntó.

Los dos judíos no le reconocieron, porque Jesús había tomado la forma de hombre. Así que le dijeron indignados:

- "¡Eres el único extranjero en Jerusalén que no sabe lo que ha pasado en estos últimos días! Crucificaron a Jesús de Nazaret, el profeta de Dios. Esperábamos que fuera el Mesías, pero hace ya tres días que murió. Claro está que corren rumores de que ha resucitado. Pero quién sabe..."

- "¡Insensatos! ¿Cuándo creerán?" –exclamó Jesús.

Entonces lo reconocieron, pero Él desapareció. Se devolvieron en seguida a Jerusalén y buscaron a los apóstoles para contarles lo que les había ocurrido en el camino a Emaús. Estaban relatando los hechos cuando Jesús se apareció en medio de ellos y les dijo:

– "Paz a ustedes".

Los apóstoles se asustaron muchísimo, porque pensaban que se trataba del fantasma de Jesús. Pero el Hijo de Dios añadió:

– "¿Por qué tienen miedo? No soy ningún espíritu. Acérquense y tóquenme. Miren las llagas de mis manos y de mis pies. Yo soy Jesús, el Cristo".

Y como los vio atónitos, a la vez maravillados y confundidos, les preguntó:

– "¿Acaso tienen aquí algo de comer? Tengo mucha hambre..."

Al ver que comía el pescado y el panal de miel que le habían dado, los discípulos no dudaron más, porque un fantasma no come. ¡Era verdad que Jesús había resucitado y ahora estaba sentado a su mesa!

El Señor terminó su plato y siguió diciendo:

– "Era necesario que Cristo sufriera y que resucitara al tercer día. Ahora ustedes tienen por misión predicar en su nombre. Den a conocer el evangelio en todas las naciones comenzando por Jerusalén, para que los hombres se arrepientan y sean perdonados de sus pecados. El que crea en sus palabras y sea bautizado, será salvo. El que los rechace, será condenado. Para cumplir esta importante misión, Dios les da un nuevo poder".

Entonces, sopló sobre los once apóstoles y todos fueron llenos del Espíritu Santo.

– "Los pecados que ustedes perdonen, serán perdonados, y los que no perdonen, no serán perdonados" –dijo Jesús.

Éstas fueron sus últimas palabras antes de desaparecer.

La ascensión

Durante cuarenta días, Jesús se apareció a sus discípulos en varias oportunidades. En una de éstas, lo vieron junto al mar de Tiberias. Ya era tarde, pero Pedro quiso tomar una barca e ir a pescar. Tomás, Natanael, Juan y Santiago lo acompañaron. Trabajaron toda la noche lanzando y recogiendo la red, pero no atraparon nada. Pedro se acordaba que, varios años atrás, algo similar le había acontecido. Entonces Jesús había echado las redes y la pesca había sido realmente milagrosa. El apóstol sonrió, pero pronto se entristeció. Esto no pasaría hoy, porque el Maestro había muerto. Pedro hizo recoger la red, y los pescadores se dirigieron hacia la costa. No habían llegado a la orilla cuando divisaron una silueta entre la bruma de la mañana. ¡Era Jesús! El Señor les preguntó:

– "¿Hijitos, ¿tienen algo de comer?"

Pero no habían pescado nada, así que Él les dijo:

– "Echen la red a la derecha de la barca y tendrán una gran pesca".

Siguieron sus instrucciones y cuando fueron a sacar la red, estaba tan llena de peces que no pudieron. Tuvieron que lanzarse al mar y arrastrarla entre el agua hasta alcanzar la orilla. Jesús había encendido el fuego y los esperaba para asar los pescados. Después de contarlos, –cogieron ciento cincuenta y tres aquel día–, se sentaron en la playa y desayunaron con el Maestro. Luego, Él desapareció.

Pasaron algunos días y los once apóstoles se reunieron en el monte de los Olivos, donde acostumbraban venir a orar en compañía de Jesús. Pedro contaba por enésima vez lo que había sucedido en el mar aquella madrugada.

- "Cuando terminamos de comer, el Señor se acercó a mí y me preguntó si yo le amaba. Le dije que sí y entonces me afirmó que yo, Pedro, apacentaría sus ovejas. ¿Se imaginan? ¡Me encargo de cuidar su rebaño!" –gritó de gozo.

Los discípulos se miraron sonriendo, porque Pedro era un hombre apasionado que se entregaba por completo a la causa en la que creía. Ésa era tal vez la razón por la que el Mesías lo había escogido para liderar su iglesia. Jesús los miraba desde el cielo y disfrutaba escuchándolos. Decidió hablar con ellos un rato y, por eso, se les apareció:

- "Benditos sean, amados míos. No se vayan de Jerusalén todavía, sino esperen la promesa de mi Padre. Porque Juan los bautizó con agua, pero ustedes lo serán con el Espíritu Santo. Entonces recibirán poder y serán mis testigos por toda la Tierra".

Jesús terminó de hablar y ascendió al cielo hasta que una nube lo envolvió y lo ocultó para siempre. Los apóstoles estaban tan ocupados mirando hacia arriba que no se dieron cuenta que dos ángeles vestidos de blanco estaban a su lado. Éstos les preguntaron:

- "¿Qué hacen mirando al cielo? Ese mismo Jesús que hoy vieron partir, volverá. Llegará sobre una nube, con sus vestiduras resplandecientes y acompañado con miles de ángeles. Se detendrá sobre el monte de los Olivos y todos los hombres le verán".

Los ángeles se desvanecieron y los apóstoles se arrodillaron a adorar a Dios. Luego se fueron a Jerusalén y allí esperaron hasta que se cumpliera la promesa del Padre, lo cual sucedió en el día de Pentecostés. Los discípulos se habían reunido para orar, cuando un viento muy fuerte llenó la casa donde estaban sentados. Se les aparecieron lenguas como de fuego y cada uno fue lleno del Espíritu Santo. A partir de aquel momento, recibieron un nuevo poder y salieron a predicar el evangelio por toda la Tierra.